THiNKr
新思

新一代人的思想

印度5000年

The
Shortest
History
of
INDIA

[澳] 约翰·祖布尔茨基 著
John Zubrzycki

马百亮 译

中信出版集团 | 北京

图书在版编目（CIP）数据

印度 5000 年 /（澳）约翰 · 祖布尔茨基著；马百亮
译 . -- 北京：中信出版社，2023.6（2024.4 重印）
书名原文：The Shortest History of India
ISBN 978-7-5217-5720-0

Ⅰ . ① 印… Ⅱ . ① 约… ② 马… Ⅲ . ① 印度－历史
Ⅳ . ① K351

中国国家版本馆 CIP 数据核字（2023）第 081886 号

印度 5000 年
著者：　[澳] 约翰 · 祖布尔茨基
译者：　马百亮
出版发行：中信出版集团股份有限公司
（北京市朝阳区东三环北路 27 号嘉铭中心　邮编　100020）
承印者：　北京通州皇家印刷厂

开本：880mm×1230mm 1/32　印张：9　字数：180 千字
版次：2023 年 6 月第 1 版　印次：2024 年 4 月第 3 次印刷
京权图字：01–2023–2572　书号：ISBN 978–7–5217–5720–0
定价：88.00 元

服务热线：400–600–8099
投稿邮箱：author@citicpub.com

目录

中译本代序

浓缩五千年历史于一体　洞察印度文化之精微

国人对印度向来关注，且不说历史上法显、玄奘西天取经，到了现代仍然如此。国内出过不少专治印度或梵文的大家，如季羡林、徐梵澄、金克木、黄宝生，而其他不少学者，如梁漱溟、陈寅恪等，也对印度有精深的了解。你可能想象不到，以治中国近代史著称的陈恭禄，也曾有一部专门介绍印度史的著作。时至今日，林承节、王树英、王邦维等人数并不算少的一批学者，依然在非常活跃地研究和介绍着印度。

与此形成对比的是，尽管关于印度历史文化的介绍在我国现代教学体系中占有不算太小的分量；尽管国内出版过不少有关印度的著作，同时在西人相关著述之外，还引进出版了印度学者高善必、马宗达、巴沙姆等人，以及政治家甘地、尼赫鲁等人的多种著述，但我们对印度的了解（佛教除外）仍严重不足，而且误解颇多，甚至有些人至今仍持印度野蛮落后，至少其古代没有真正历史的观点。客观上这与印度历史文化发展的特点有关，主观上也应当承认这与我们的文化普及过于片面、与我们的认知过于主观有关。

那么，印度尤其是古代印度到底有没有历史？或者换个学术点的说法，印度有没有不间断的历史？答案无疑是有，澳大利亚学者约翰·祖布尔茨基所著《印度 5000 年》这部小书也给出了明确的回答。印度文明产生的时间不比中国晚，以哈拉帕文明来说，国际公认比我国还要早一些，约始于公元前 3300 年。印度文化曾经辉煌过多次，印度也出现过多个盛极一时的帝国，如孔雀帝国、笈多帝国、德里苏丹国、莫卧儿帝国，这些帝国与同一时期的中华帝国相比毫不逊色。以莫卧儿帝国为例，在其盛期，它统一了整个南亚次大陆的北半部，在文化、经济等方面也盛极一时，与大致同时的中国大清、罗曼诺夫王朝时期的俄罗斯帝国不遑多让。“莫卧儿帝国的建立标志着印度教文化圈和伊斯兰文化圈之间的互动达到了顶峰”（祖布尔茨基语）。当前南亚乃至世界的一大不稳定因素是印巴纷争，这种纷争的根源并不在于伊斯兰教势力进入印度，比如这种摩擦在崇尚宗教多元的莫卧儿帝国时期基本上就没有发生过，而主要产生于印度独立前后，与当时的英国殖民政府有很大关联。这点尤其值得注意。印度文化曾对世界产生过重大影响。佛教对我国文化的形塑作用众人皆知，但不太为人所知的是在印度有着更悠久历史的印度教在东南亚广大地区产生了比佛教还要大、还要持久的影响，梵文曾在一段时期成为一种国际语言，“凡是印度影响所至之处，梵文皆成为学术语言”（祖布尔茨基语）。从古到今，印度也产生了许多具有国际影响的名人，除佛陀以外，还有阿育王、迦腻色迦、戒日王、阿克巴、迦梨陀娑、考底利耶等。

人们之所以觉得印度没有历史，与印度文明的一个特征有关，即极其关注精神生活（包括宗教），却不重视历史书写，尤其不注意系统地记录自己的历史，这就导致人们梳理其历史发展脉络尤其是古代历史比较困难。然而，经过一个多世纪的考古研究，通过应用各种新的技术手段，印度历史的源头比较清晰地展现在人们面前。印度很早就产生了文字，并不缺少文献，只是这种文献记录的主要是一些宗教典仪和神话传说——以神话故事形式述说古代所发生的重大历史事件或英雄人物的事迹，是印度的一大特点。印度神话故事典籍众多，重要的有《往世书》《摩诃婆罗多》《罗摩衍那》等，其中存有大量史实，《吠陀经》、《奥义书》、佛典以及其他文学作品中也有不少资料。此外，广义的印度虽构成一个相对独立的次大陆，它的地理边界却一直漏洞百出，自 4 000 多年前雅利安人从中亚侵入起，不断有外来势力进入，给印度造成不断的动荡，但同时也使它展现在世人面前，外人对它的记载不胜其数，他们，尤其是法显、玄奘、伊本·白图泰等人的游记，对重构印度历史大有裨益。因而，至少现在看来，作为人类文明发源地之一的印度，有着非常连贯、相当清晰的历史，就像《印度 5000 年》所概括的那样：由印度河文明到早期帝国，进而是外族入侵和莫卧儿帝国，再后来就是印度历史悲剧的一页——殖民和英属印度时期。1947 年，印度重获独立，其历史进入新的一页。

印度文化的一大特性是多样性和复杂性，这给想了解它的人设置了多重障碍。这种多样性体现在印度文化的方方面面。首先是种族众多，人称“人种博物馆”，各族都有自己的历史文化和风俗习惯。其次是语言复杂，极不统一，全印度各民族和各部族的语言及方言超过 150 种，我们在一张 10 卢比的纸币上就可以看到十四五种语言文字。再次是宗教派别林立，从数千年前的原始宗教到当今最流行的教派，在印度都可以找到众多信徒。与此相关的是上文说到的庞杂无比的神话体系。这些神话传说至今仍在印度人民中广为流布，成为他们思想行为、道德观念的准则。此外还有新旧杂陈。有人曾概括法国文化的特点之一是叠床架屋，新的不断涌现，旧的依然故我。与印度相比，法国可谓小巫见大巫：印度可以用时光隧道来形容，过去与现在、传统与当代、新与旧交融，就像进入了现在，却又停留在过去——极现代，而又极其传统落后，浓厚的宗教色彩让这里显得更加神秘。用印度著名史家高善必的说法，这种“无穷无尽的多样性令人吃惊，而且常常很不协调”(《印度古代文化与文明史纲》)。3 世纪印度有本梵文经典《毗湿奴往世书》，它如此定义在梵文中被叫作“婆罗多”的印度：“位于海洋以北、雪山以南的这个国家叫婆罗多，因为那里住着国王婆罗多的后裔。它有 9 000 里格（1 里格 ≈ 4. 83 千米）宽，是劳作之地，人们因此可以升入天堂，或获得解脱。”大致在我国唐朝末期，印度南部曾有过一个相当强大的王国朱罗王国，它以其精美的青铜雕塑而闻名，这些雕塑至今大量存世。法国艺术史家格鲁塞曾这样描述其中之一的《舞王湿婆》雕像：“舞蹈之王手舞足蹈，动感十足。他面带微笑，笑对生死，笑对悲欢；或者换句话说，他的微笑既象征着死亡也象征着生命，既象征着欢乐也象征着痛苦。”《毗湿奴往世书》和格鲁塞对湿婆雕像的解读可以说形象地说明了印度的宇宙观和历史观。

不过，如果只有多样性而无统一性，印度文明绝不可能如此长久地延续下来。多样性中存在着统一性，高善必这一概括当属印度文明的根本特征之一。在现代学术意义上，“文明”一词有着成百上千种不同的解释，20 世纪最伟大的历史学家之一布罗代尔的释读对我们颇具启发意义。布罗代尔认为，“文明”一词既具道德含义又具物质含义，既共时又历时，既是单数形式又是复数形式。要阐释文明的观念，需要所有社会科学门类通力协作，特别要关注作为地理区域的文明、作为社会的文明、作为经济的文明和作为集体心态的文明。“一种文明总是与一种历史密切相关，这种历史过去存在过，现在仍然存在。”在布罗代尔看来，“一个文明既不是某种特定的经济，也不是某种特定的社会，而是持续存在于一系列经济或社会之中、不易发生渐变的某种东西”。这种东西被人们视为最为珍贵的遗产，其要素包括宗教信仰和民族精神等，没有它民族意识就无法维持下去，“而没有这种民族意识，就不可能有独创的文化，不可能有真正的文明”。（布罗代尔《文明史》）以此来理解，印度文化中有着自己独一无二的特点，并未因外来因素的侵入而中断。相反，它以其强大的文化内核吸引和保存了外来文化和思想，使之成为印度多彩文化的一部分。印度文化的统一性就存在于看似五花八门的信仰、语言等之中，这些反过来赋予印度文化持续存在的动力。语言和文字应是一个文明最重要的要素之一。尼赫鲁本人会说四种印度古典语言——梵语、巴利语、阿拉伯语和波斯语，以及六种以上的现代语言，他说："我有这么多财富可以利用，唯一的限制就是我自己从中受益的能力。"印度政治学家苏米特·甘古利则进一步认为："这个国家纯粹的文化、语言和种族上的多样性不会轻易被压倒。印度固有的多样性将阻碍建立一个拥护非自由主义的政权。事实上，可以说，印度之所以能够成为一个运转良好（虽然混乱）的国家，正是因为它致力于自由民主（虽然有缺陷和片面）。"总之，印度是"多元化中的文化统一，是由强大但看不见的线连接在一起的一堆矛盾……它是一个神话，也是一个想法，一个梦想，一个愿景，但又非常真实，无处不在"（尼赫鲁语）。

回到本文开头的话题。我们之所以要关注且必须关注印度，简单说来，一是因为中印两国是近邻，历史上长期友好。二是因为印度文化曾对中国历史文化的发展产生过重大影响，且佛教文化内化为中华文化精神的一部分。当然，这一过程漫长而痛苦，"从最早的撞击与吸收阶段，经过了两晋南北朝、隋唐时期的改造与融合阶段，到了宋元进入同化阶段，延续有千余年"（季羡林语）。"驼铃、军人和商队，不仅带来佛陀的信仰，还将给中华大地带来更多奇妙的人、事、物。这些异域他乡的文明与文化，将在中国文明的熔炉中被筛选、精炼、融合。在接下来的400年里，中国文明将以动荡和分裂为代价，给自己的秦汉文化底色增添许多异质神采。"（张曦《观念的形状》）三是因为到了近代，中印这两个文明古国同样遭受了西方列强的欺凌，两国近些年虽在战略、经济、文化等方面隐然成为对手，却在同一大发展方向上大踏步前进。中国和印度是当今世界上人口最多的两个大国，在各个方面都可以说已经或即将占有举足轻重的地位。这个时期重温我国印度学大家季羡林先生 20 世纪末的两句话别具含义："如果中印两国之间没有文化交流，那么两国文化的发展就可能不是今天这个样子。""21 世纪，东方文化之所以将全面复兴，关键是中国文化与印度文化的交融。"

《印度 5000 年》以这样一段话结束全书："印度的实践既鼓舞人心，又有缺陷。但是作为一个文明国家，印度表现出了非凡的韧性，应对了日益加剧的不平等和威权主义等挑战，为世界提供了一个榜样。"作为世界上最古老的持续性的文明，印度有许多可以借鉴的地方，也有更多可以为世界贡献的地方。我想，今天我们阅读这部印度简史，了解我们的重要邻邦，其意正如费孝通先生所论，走出各美其美的阶段，美美与共，以臻世界大同。

常绍民（《读书》杂志主编）

大事年表

时期	事件
古印度时期	约 150 万年前，印度最早的人类出现 约 6.5 万年前，来自非洲的移民来到印度 约公元前 7000 年，最早的农业出现 约公元前 3300—约前 2600 年，哈拉帕文明早期 约公元前 2600—约前 1900 年，哈拉帕文明成熟期 约公元前 2000—约前 1500 年，来自中亚的雅利安人移民来到印度 约公元前 1900—约前 1300 年，哈拉帕文明晚期 约公元前 1200—约前 1100 年，《梨俱吠陀》成书 约公元前 800—约前 300 年，《奥义书》成书 约公元前 599—约前 527 年，大雄，耆那教的创始人 约公元前 563—约前 483 年，释迦牟尼，佛教的创始人 约公元前 400—约公元 300 年，《摩诃婆罗多》和《罗摩衍那》成书 公元前 326 年，亚历山大大帝入侵印度北部

时期	事件
帝国时期	约公元前 322—约前 185 年，孔雀帝国 公元前 135—公元 150 年，贵霜帝国 约 100—约 500 年，犍陀罗艺术在北印度和阿富汗繁荣发展 约 320—约 550 年，笈多帝国 约 200—约 400 年，《爱经》成书
外族入侵时期	约 455 年，第一次嚈哒人入侵 约 606—约 647 年，戒日王在位 约 712 年，阿拉伯人占领信德 约 300—约 888 年，建志的帕拉瓦王国 约 871—约 907 年，朱罗王国兴起 1004—1030 年，伽色尼的马哈茂德入侵印度 1192 年，在塔拉因战役中，拉其普特王公普里色毗罗阇三世被击败 1206—1526 年，德里苏丹国 1336—1565 年，毗奢耶那伽罗帝国
莫卧儿王朝时期	1526—1530 年，巴布尔在位 1530—1540，1555—1556 年，胡马雍在位 1556—1605 年，阿克巴在位 1605—1627 年，贾汉吉尔在位 1628—1658 年，沙贾汗在位 1632—1654 年，建造泰姬陵 1658—1707 年，奥朗则布在位

时期	事件
殖民地时期	1600 年，英国东印度公司成立 1739 年，波斯国王纳迪尔沙洗劫了德里 1756 年，加尔各答黑洞事件 1757 年，普拉西战役 1765 年，英国东印度公司获得在孟加拉征税的权利 1773 年，《调整法案》设立总督和监督委员会 1799 年，提普苏丹在斯里兰贾帕特南被击败 1813 年，《特许状法案》允许基督教传教士在印度传教 1817—1818 年，第三次英国 - 马拉塔人战争，英国征服印度 1856 年，达尔豪西勋爵下令吞并阿瓦德 1857 年，印度土兵起义 1858 年，印度开始归英国管辖
英属印度时期	1876 年，维多利亚女王成为印度女皇 1885 年，印度国民大会党成立 1905 年，孟加拉邦被分割为东西两部分 1906 年，穆斯林联盟成立 1918 年，圣雄甘地在比哈尔邦举行第一次非暴力集会 1919 年，阿姆利则惨案 1930 年，印度国民大会党呼吁自治 1931 年，甘地参加伦敦的圆桌会议 1942 年，《退出印度决议》，国民大会党领导人入狱 1946 年 8 月 16 日，真纳宣布这天为直接行动日 1947 年 8 月 14—15 日，巴基斯坦和印度脱离英国获得独立

时期	事件
独立印度时期	1947 年 10 月，印度和巴基斯坦在克什米尔发生战争 1948 年 1 月 30 日，甘地遇刺身亡 1950 年 1 月 26 日，印度正式成为共和国 1952 年，第一次大选 1964 年 5 月 27 日，贾瓦哈拉尔・尼赫鲁去世 1965 年 9 月，印度和巴基斯坦围绕克什米尔发生战争 1966 年 1 月，英迪拉・甘地成为总理 1971 年 12 月，印度和巴基斯坦围绕东巴基斯坦发生战争 1984 年 6 月，印度军队攻击锡克教金庙 1984 年 10 月 31 日，英迪拉・甘地遇刺身亡；拉吉夫・甘地成为总理 1991 年 5 月 21 日，拉吉夫・甘地被暗杀 1991 年，国民大会党启动全面经济改革 1992 年 12 月 6 日，印度教狂热分子拆毁阿约提亚的巴布里清真寺 1998 年，印度人民党组建联合政府 1998 年 5 月，印度和巴基斯坦进行核试验 1999 年 5 月，卡吉尔冲突 2004 年 5 月，曼莫汉・辛格成为总理 2008 年 11 月，孟买恐怖袭击 2014 年 5 月，纳伦德拉・莫迪成为总理 2016 年 11 月，实施废钞令 2019 年，印度人民党赢得第二个任期 2021 年 3—6 月，毁灭性的第二轮新冠疫情

序　言

无论对印度有什么正确的评价，相反的评价也是正确的。

——英国经济学家琼·罗宾逊（Joan Robinson）

1942 年 8 月 9 日清晨，印度国民大会党（下文简称国大党）领袖贾瓦哈拉尔·尼赫鲁（1889—1964）和他的九名同事在孟买维多利亚火车站被塞进一列火车。他们要被送到位于现代马哈拉施特拉邦闷热山区的艾哈迈德讷格尔堡（Ahmadnagar Fort）。1707 年，莫卧儿王朝的最后一位伟大的统治者奥朗则布就死在这座城堡里——他去世的那一刻，一阵旋风“来得如此猛烈，刮倒了营地里所有的帐篷……村庄被毁，树木被连根拔起”。在英国统治时期，这座城堡成为一座戒备森严的监狱。尼赫鲁这次将被监禁两年零九个月，这是他九次被囚禁中时间最长的一次。他的罪行是发起“退出印度”运动，这是国大党向英国施压的孤注一掷的努力，英国想要获得印度对战争的全力支持，就必须立即批准印度独立。等到他被释放时，战争已经快结束了。

这位未来的印度总理将艾哈迈德讷格尔堡描述为“柏拉图的洞穴”，在这座监狱里，囚犯只能看到周围发生的事情的影子。然而，他在监狱院子上方的天空中得到了安慰，那里“白天有毛茸茸的五彩云朵，晚上有灿烂的星辰”。城堡的围墙内是另一片天空——尼赫鲁的那一小群狱友代表了印度政治、学术和社会的各个阶层。他们会说四种印度古典语言——梵语、巴利语、阿拉伯语和波斯语——以及六种以上的现代语言，包括印地语、乌尔都语、孟加拉语、古吉拉特语、马拉地语和泰卢固语。尼赫鲁回忆说："我有这么多财富可以利用，唯一的限制就是我自己从中受益的能力。"他们有充足的时间来开垦花园，举行即兴研讨会，猜测这个国家的其他地方正在发生什么。就像他在早期服刑期间所做的那样，尼赫鲁利用这个机会来满足他对历史和政治方面的经典著作如饥似渴的需求，并将其中的思想转化为自己的作品。

1946 年问世的《印度的发现》(*The Discovery of India*) 是尼赫鲁在漫长炎热的日子里写成的，后来成为他最著名的作品。尼赫鲁称其为"胡思乱想的合集"——是一次穿越过去的旅程，也是一次"窥探未来"的旅程。这部作品在很大程度上是由一连串不相关的想法组成的。但他在该书的开头提出了一个基本问题："除了自然和地理因素，印度究竟是什么？"在书的最后一章，他自信满满地给出了一个答案，他写道，印度是"多元化中的文化统一，是由强大但看不见的线连接在一起的一堆矛盾……它是一个神话，也是一个想法，一个梦想，一个愿景，但又非常真实，无处不在"。

对于想要了解印度历史的人来说，尼赫鲁的结论可能显得模糊而矛盾，令人沮丧。然而，印度作为一个理念和实体已经存在了数千年，容纳了宗教、文化、语言、种族和种姓的多样性。尼赫鲁在 1953 年的一次演讲中指出，"印度过去有海纳百川的传统"，并补充说："思想的潮水涌向印度，人类的河流流入印度，与印度这个海洋混合在一起，这些无疑会带来变化，会影响印度，但也会受到印度的影响。”

尼赫鲁认为“发现印度”的重要性是显而易见的。但对于许多外国人来说，“印度之行”[借用 E. M. 福斯特（E. M. Forster）的书名]是一项挑战。这个国家纷繁复杂的文化和语言，多种多样的宗教和仪式，极端的贫富差距，越来越有争议的曲折的历史，可能会让很多人望而却步。将重叠的文化、政治和社会潮流融合成连贯而全面的叙事似乎是不可能的。正如孟加拉国作家、学者尼拉德·C. 乔杜里（Nirad C. Chaudhuri，1897—1999）在 20 世纪 50 年代所写的那样，印度“地域辽阔，人口众多，与众不同的个体很可能多达数百万”。

无论印度的复杂性给学生和历史学家的研习之路设置了怎样的障碍，忽视这个国家过去和现在的更广泛的教训将是愚蠢的。印度是世界上最古老的文明古国和最大的民主国家。它是亚洲东西两部分之间的支点，也是一个自信的印度洋大国。印度也在迅速地发生变化，抛弃了几十年来指导其经济发展的社会主义实验的最后残余，适应新的世界秩序，在这种新秩序下，其拒绝站在一个或另一个超级大国一边的不结盟言论变得越来越不切实际。

印度尚未复制中国闪亮的子弹头列车、光彩夺目的特大城市以及为全球渴求科技的消费者生产笔记本电脑和智能手机的大型工厂。民主选举的领导人也未能充分发挥这个国家的潜力。印度自然资源丰富，拥有大量受过高等教育、具有全面文化素养的工人，前景广阔。到 2025 年，全球五分之一的劳动年龄人口将是印度人，10 亿印度人将通过智能手机与他人和世界相连。印度人口有望在 2027 年超过中国，两国人口都将突破 15 亿大关。到那时，印度五大城市的经济规模将与塞尔维亚或保加利亚等中等收入国家相当。在新冠大流行之前，按市场汇率计算，印度有望最早在 2031 年成为仅次于中国和美国的世界第三大经济体。

中国的历史可以被清晰地划分为元、明、清等王朝时期，而印度的历史则不一样，它有多个相互竞争的权力中心。印度的三大帝国——孔雀王朝、笈多王朝和莫卧儿王朝——即使在其扩张的鼎盛时期也没能控制整个南亚次大陆。英国直到 1818 年打败了马拉塔人（Marathas），才做到了这一点。即使在那时，占印度国土面积五分之二、占印度总人口三分之一的土邦仍保留了名义上的独立。

这里的讲述要想涵盖南亚次大陆上每一位统治者的统治、所有主要和次要王朝的财富、每一次争夺领土和财富的战争的结果——更不用说印度在科学、文学和艺术等领域对世界的贡献——将是不可能的，如果这样做，结果将是一堆杂乱无章的名字、日期和声明，将会凌乱而肤浅。要把 5 000 年的印度历史浓缩在这本小书里，同时试图传达其微妙之处，是很有挑战性的，但也是必要的。

名称的由来

对于长途跋涉越过兴都库什山、到达现在巴基斯坦旁遮普省平原的商人和入侵者来说，他们遇到的第一个重要地理屏障便是印度河。印度河的古名是“Sindhu”，波斯人因为发不出“S”的音，所以就称这条河为“Hindu”。当希腊人在公元前 4 世纪到达这里时，“H”也被去掉了，于是名字就变成了今天的“Indus”，而这条河流经的土地则被称为“Ἰνδία”，这就是“India”（印度）一词的词根。“美国”和“澳大利亚”这样的名称都是欧洲人的发明，与殖民时代前的居民如何称呼自己的土地没有任何关系。同样，直到 16 世纪和 17 世纪欧洲商人把葡属印度（Estado da Índia）、荷兰东印度公司（Vereenigde Oost Indische Compagnie）、法国印度公司（Compagnie des Indes）和英国东印度公司带到了印度海岸，“印度”这个名字才真正被确定下来。更常见的名字是“印度斯坦”（Hindustan），它指的是“印度河之地”（land of the Indus），而不是“印度教信徒之地”（land of the Hindus）。通用术语“印度斯坦人”（Hindustanee）通常被用来指 20 世纪早期以前任何来自当时英属印度的人。

印度的梵文名称是“婆罗多”（Bharata），3 世纪文本《毗湿奴往世书》（*Viṣṇupurāṇa*）中是这样定义的：“位于海洋以北、雪山以南的这个国家叫婆罗多，因为那里住着国王婆罗多的后裔。它有 9 000 里格（1 里格 ≈ 4.83 千米）宽，是劳作之地，人们因此可以升入天堂，或获得解脱。”印度宪法的开篇是：“印度，即婆罗多，是一个联邦制国家。”

从地理上来说，定义印度和几千年来印度文明的参数相对简单。大约 1.8 亿年前，冈瓦纳古陆（Gondwana）开始分裂，印度板块以每年大约15厘米的速度向东北方向漂移，直到它在大约5 500万年前与欧亚板块相撞，世界上最高的山脉——喜马拉雅山脉——因此形成。这条2 500千米长的山脉成为今天所说的“南亚次大陆”的北部边界。它的形状呈四边形，其东端被丛林覆盖的山脉包围，而这些山脉构成了印度和缅甸之间的边界。其西部是兴都库什山，那里的伯兰隘口（Bolan Pass）和开伯尔隘口（Khyber Pass）成了一批又一批入侵军队长驱直入的通道。南亚次大陆的南部边界是一个巨大的半岛，像一个矛头一样伸入印度洋。

今天，南亚次大陆被划分为5个国家。印度是其中最大的国家，其领土面积接近300万平方千米，南北长约3 200千米，东西长约2 900千米。印度也是世界上人口最多的国家之一，大约有14亿人。它与次大陆的其他4个国家——巴基斯坦、尼泊尔、不丹和孟加拉国——接壤，也同中国和缅甸接壤。印度也是世界上人口密度最大的国家之一，每平方千米约有400人，人口密度是中国的2倍。

埃及和美索不达米亚的繁荣分别离不开尼罗河、底格里斯河和幼发拉底河，同样，印度最早的文明也是在恒河和印度河肥沃的泛滥平原附近发展起来的。恒河发源于印度东北部的根戈德里（Gangotri），穿过喜马拉雅山脉，然后一路向东，与雅鲁藏布江汇合，塑造了世界上农业资源最丰富的三角洲之一（包括现代印度的西孟加拉邦和独立国家孟加拉国）。温迪亚山脉将南亚次大陆整齐地分成两半，在它的南面是德干高原，高原的两侧分别是东高止山脉和西高止山脉。德干高原和印度南部的主要河流包括讷尔默达河、戈达瓦里河、克里希纳河和高韦里河（Kaveri River）。

在印度，最受期待的公告之一是一年一度的季风预报。西南季风从 6 月开始，一直持续到 9 月，产生了该国大约 80% 的年降水量。印度东北部部分地区每年的降水量高达 1.4 万毫米，而拉贾斯坦邦西部的塔尔沙漠（Thar Desert）每年的降水量只有 100 毫米。在一个只有一半农田得到灌溉的国家，印度洋季风对农业产量至关重要。一场糟糕的季风可以抬高食品价格并减少农村收入，因此便能推翻一个政府。

南亚次大陆的河流、山脉和海岸线决定了它的神圣的地理环境。瓦拉纳西（Varanasi）也被称为“迦尸”或“神光之城”，就位于恒河岸边。作为湿婆神的圣城，这座城市对于印度教信徒来说就像麦加对于穆斯林、梵蒂冈对于罗马天主教徒、耶路撒冷对于犹太人一样神圣。对印度教信徒来说，这里是精神解脱的地方。在这里去世就能获得解脱（moksha），即永远摆脱无尽的生死轮回。恒河、亚穆纳河和神话中的娑罗室伐底河（Saraswatī，又译作“萨拉斯瓦蒂河”）的汇合处是普拉亚格拉杰（Prayagraj），这座城市以前被称为阿拉哈巴德（Allahabad），是世界上最盛大的人类聚会、每 12 年一次的大壶节的举办地。虔诚的朝圣者携带着盛满神圣的恒河之水的罐子前往散布在山脉、河流和海岸线上的数十个圣地。在上个千纪初，奉行一种更虔诚的伊斯兰教的苏非派神秘主义者抵达印度后，也建立了很多圣殿（dargah），比如德里的尼扎姆丁·奥利亚（Nizamuddin Auliya）圣殿和阿杰梅尔（Ajmer）的穆因丁·奇什蒂（Mu'inuddin Chishti）圣殿。阿杰梅尔是除麦加和麦地那之外伊斯兰教最神圣的地方之一。印度的朝圣线路纵横交错，包括了锡克教、耆那教、佛教和基督教的圣地。

尽管看似固若金汤，但南亚次大陆的地理边界一直是漏洞百出，这使得新的文化、农业实践、语言、宗教甚至战争方法得以在此生根发芽。游牧民族雅利安人从中亚的大草原来到印度北部，随后到来的是亚历山大大帝（公元前356—前323年）的军队。贵霜人和与匈人有血缘关系的匈那人（Hūṇa）分别从中国西部和中亚来到这里。寻求学术和智慧的中国朝圣者来到了那烂陀等学术中心。那烂陀被认为是世界上第一所大学，教授的科目从佛教神学到炼金术和天文学。伊斯兰教在7世纪崛起，通过贸易和征服，最终在这里建立了德里苏丹国和莫卧儿帝国。即使在17世纪莫卧儿帝国的鼎盛时期，包括葡萄牙、荷兰、法国和英国在内的欧洲列强也曾在印度立足。

几千年来，印度的宗教、思想和科学的影响远远超出了它的边界，给世界带来了从十进制到瑜伽、从宝莱坞电影到素食主义的各种东西。英国殖民统治的遗产给英语注入了大量的印度词语，例如bungalow（平房）、polo（马球）、gymkhana（赛马会）、loot（战利品）、mogul（有权势的人物）、jungle（丛林）和thug（恶棍）等。印度软实力的传播比英国统治印度要早2 000年。大约在公元前240年，佛教第三次结集在印度北部的华氏城举行，阿育王（约公元前268—约前232年在位）派遣使者到9个国家传播佛法。早在公元1世纪，印度教就已经传播到了印度尼西亚群岛的爪哇岛和巴厘岛。到20世纪60年代和70年代，玛哈里希·玛赫西·优济（Maharishi Mahesh Yogi）等大师因向披头士乐队宣扬超觉冥想（transcendental meditation）的好处而在西方成为家喻户晓的人物，成千上万的西方人也走上了嬉皮士所走的道路。

印度给世界的另一份杰出礼物是它的侨民，其人数约为1 800万，是世界上规模最大的。祖宾·梅塔已经成为西方古典音乐指挥家的代名词。奈特·沙马兰的电影开创了一种独特的悬疑电影美学。印度裔的首席执行官领导着谷歌、推特和微软等大公司。2021年1月，卡玛拉·哈里斯宣誓就职，成为首位拥有南亚血统的美国副总统，南亚移民的影响力由此可见一斑。当就职仪式通过智能手机直播时，她的祖籍村庄图拉森德拉普拉姆（Thulasendrapuram，距离金奈约350千米）的居民们燃放鞭炮，并分发糖果和鲜花作为宗教祭品，在当地寺庙为她祈祷。

尼赫鲁曾把印度吸收和保存国外思想的能力比作重写本：一份古老的手稿被一遍又一遍地重写，但是之前的那一层并没有被完全抹掉。作为一部简史，本书旨在将这些层次生动地呈现出来。

第一章

失落的文明

1856 年，正在修建木尔坦（Multan）到拉合尔（Lahore）铁路的承包商威廉·布伦顿（William Brunton）发现了建造路堤所需要的轨道道砟的完美来源。在一个名叫哈拉帕（Harappā）的小村庄，布伦顿在一连串的土堆中发现了数千块形状一致的窑烧砖，当地人一直从这里挖掘建造房屋所用的建筑材料。这个消息最终传到了亚历山大·坎宁安（Alexander Cunningham，1814—1893）那里，他是印度考古调查局的创始人，1873 年他调查了拉维河河畔一大片几乎长达 1 千米的遗址。他认为这是公元前 4 世纪亚历山大大帝的军队留下的希腊人定居点的遗迹。大量的瓦砾已经被清理干净，他认为没有什么值得保存的了，把最重要的发现留给了未来的考古学家。

在坎宁安收藏的文物中，有一枚比邮票大不了多少的小印章，它是用光滑的黑色皂石制成的，上面刻着一头公牛，公牛上方有六个字符。因为这头公牛没有肩峰，上面的文字也不像任何已知的印度语言的字母，他认为这枚印章来自其他地方。其他的印章也逐渐被发现，上面分别刻有大象、牛和犀牛等动物图像，以及一些神秘的文字。

一些印章被送到了大英博物馆，其中一枚印章上刻有一头长着独角兽一样角的奶牛，这枚印章被收录在尼尔·麦格雷戈 2010 年出版的《大英博物馆世界简史》（*A History of the World in 100 Objects*）一书中。正如这位大英博物馆前馆长指出的那样，这枚小小的印章将改写世界历史，并将印度文明至少提早了一千多年，这比任何人之前想象的都要早。

这枚图章上的动物最初被认为是一只独角兽，现在被认为是一头公牛。哈拉帕文明的印章上有南亚最古老的文字，但是这些文字还没有被破译。

坎宁安的继任者约翰·马歇尔爵士（1876—1958）认识到了这些印章的重要性。20 世纪 20 年代，他下令在哈拉帕和后来被称为“摩亨佐－达罗”（Mohenjo-Daro，意为“死者之丘”）的地点进行进一步的挖掘，摩亨佐－达罗当时位于哈拉帕以南几百英里的英属印度，现在属于巴基斯坦的信德省。马歇尔立刻意识到了这两个遗址之间的联系。这两个地方都有大量的人工土丘覆盖着曾经繁荣的城市的遗迹。从东部的亚穆纳河到西部今天的阿富汗，几十个类似的遗址被发现，很明显，大约在公元前 3300—前 1300 年，这里曾是世界上面积最大的文明的所在地。

在马歇尔的发现之前，没有任何物质证据表明任何印度文明的出现早于亚历山大大帝统治时期，他的征服之师在公元前 326 年就到达了印度河沿岸。几乎所有这一时期的考古遗迹都是佛教的，许多法律受到了希腊的影响。

马歇尔进一步挖掘时，被这些发现的独特性惊呆了。首先，这些珍贵的砖块在所有出土地点的分布都非常一致。这些定居点都是在类似的网格布局上建造的，街道的宽度根据重要性的不同而遵循特定的比例。这里有壮观的公共建筑，它们似乎是公共澡堂和复杂的卫生系统——这些都是城市规划的壮举，远远领先于古代世界已知的任何东西，直到 18 世纪初，拉贾斯坦王公贾伊·辛格一世（Jai Singh I）为斋浦尔制订了规划，印度才有了可以与其相媲美的成就。甚至贸易中使用的度量衡也非常统一。

人们在几十处遗址中发现了用黏土和青铜制成的玩具和小雕像，还发现了珠宝、炊具、原始的农业工具、彩陶碎片、空心的鸟形哨子，甚至还有用陶土制成的捕鼠器。然后是那些印章——到目前为止已经发现了近 5 000 枚，一些刻有拟人化的人物，另一些刻有动物，包括大英博物馆收藏的那枚刻有神秘的独角兽样的牛的印章。马歇尔在 1924 年 9 月胜利宣布："考古学家很少能像谢里曼在梯林斯和迈锡尼，以及斯坦因在亚洲腹地沙漠中那样，发现一个被遗忘已久的文明的遗迹。然而，现在看来，我们似乎即将在印度河平原上有这样的发现。"

我们现在知道，哈拉帕文明在公元前 2500 年达到顶峰，而吉萨大金字塔就是在这一时期建成的，比巨石阵从英格兰威尔特郡的田野中拔地而起早了一个世纪左右。哈拉帕文明覆盖了超过 100 万平方千米的土地，比埃及和美索不达米亚加起来还要大。但与同时代更为知名的文明不同，我们对这一重要文明的了解是有限的。人们没有发现像罗塞塔石碑那样的工具来解读这些印章上的文字。

在过去的一个半世纪里，通过将其与各种各样的文字或语言联系起来来识别这些文字的尝试被证明是徒劳的，这些文字和语言包括婆罗米文（Brāhmī，大多数现代南亚文字起源于此）、苏美尔语、埃及语、古斯拉夫语，甚至复活节岛的朗格朗格文（rongorongo）。由于大多数铭文很简短（这些有"文字"的印章只有不到百分之一有十个以上的字符），一些历史学家和语言学家推测说，这些印章上的字符根本就不是文字，而是表示所有权的符号，即一种原始形式的条形码。

如果这真的是一种文字，那么哈拉帕文明将成为古代世界最大的有文化的社会，也可以说是古代世界最先进的文明。直到公元前 3 世纪的阿育王统治时期，南亚次大陆上才有了文字出现的证据。除非考古学家偶然发现一个被埋在地下的图书馆或档案馆，否则这些神秘的文字——如果它们确实是文字的话——将永远保持神秘。

在试图确定哈拉帕文明年表的过程中，考古学家在确定这个社会如何管理和如何运行方面几乎没有取得进展。这些建筑似乎都不是宫殿或礼拜场所。防御工事直到文明后期才被添加进来，而且很少有武器被发掘出来。这里没有精致的墓葬场所，表明其社会平等程度是古代世界其他地方所不能比的，没有迹象可以表明存在以国王或女王为首的统治阶级。

我们可以根据远至伊拉克、阿曼和中亚发现的印章判断，这显然也是一个重要的贸易帝国。铜、金、锡、象牙，可能还有棉花，都被用来与美索不达米亚进行贸易，而青铜、白银和诸如青金石之类的宝石则是进口的。然而，经过一个世纪的挖掘，人们对于这个繁荣而复杂的文明是如何建立的，以及是什么导致了它的消失，仍然存在很大争议。

在缺乏确凿证据的情况下，许多理论应运而生。破译文字的竞争导致了伪造，包括窜改印章上的图像，使其看起来更像一匹马，因为在吠陀仪式中，马是一种相当重要的动物。这些伪造大多是围绕着为现代印度国家的基础提供一条连续线索的需要而进行的。近几十年来，印度教民族主义历史学家试图将哈拉帕文明与印度教的起源结合起来，他们认为，印度教的起源可以追溯到公元前 3000 年或前 4000 年，从而使其成为南亚最古老的宗教。

最早的印度人

如果说 20 世纪 20 年代早期的考古发现是将印度文明的起源提早了 1 000 多年的分水岭，那么 21 世纪第二个十年将因我们对最早印度人祖先的了解取得惊人进展而被铭记。通过分析骨骼残骸的 DNA（脱氧核糖核酸），科学家们能够绘制出移民进入印度的迁徙路线，识别出最早从事农耕的人，甚至还能确定被称为种姓制度的社会分层的开始时间。

根据考古发现，例如厄立特里亚海滩的贝冢，我们可以有把握地确定，现代人类或智人走出非洲大约发生在 7 万年前。他们穿过阿拉伯半岛，穿过今天的伊拉克和伊朗，于大约 6.5 万年前到达南亚次大陆。在这里，他们遇到了被称为"古人类"（archaic humans）的群体。由于除了在讷尔默达河岸边发现的一个可以追溯到大约 25 万年前的头盖骨外，没有其他任何化石证据，我们无法确定这些人的身份。在南印度发现的旧石器时代的工具将这些古人类的出现时间推到 150 万年前，使他们成为非洲以外最早出现的人类之一。随着现代人定居在南亚次大陆更富饶的地区，他们的人口迅速增长，直到 4.5 万—2 万年前印度成为世界人口的中心。

DNA 鉴定表明，大约在公元前 8000 年，第二拨移民从扎格罗斯山脉南部或中部地区（现在的伊朗）向东迁移。哈拉帕文明的前身位于一个十分遥远和偏僻的村庄，甚至连居住在该地区的人都不知道它的存在。梅赫尔格尔（Mehrgarh）位于巴基斯坦的俾路支省，这是南亚次大陆西部边缘的一个不受法律控制的部落地区。20 世纪 70 年代末，考古学家在该遗址挖掘时发现了新月沃地以外最早的农业出现的证据。人们种植了大麦等作物，还驯养了牛（特别是瘤牛）和山羊等动物。建筑的大小从四室到十室不等，较大的房屋可能被用于储存粮食。死者的陪葬品是用贝壳、青金石和其他半宝石制成的装饰品。考古学家还在此发现了世界上最早将棉花织成织物的例子。

在公元前 2600—前 2000 年，梅赫尔格尔被附近一个更大的城镇取代，那时它已经发展成为一个重要的创新中心，这种创新不仅表现在农业方面，而且在陶器、石器和铜的使用方面也有所表现。它所引发的农业革命将成为哈拉帕文明的基础。

世界上最早的世俗国家？

历史学家将哈拉帕文明分为三个阶段。哈拉帕文明早期阶段可以追溯到公元前 3300—前 2600 年，是原始形态的城市。人们用轮制法制作陶器，种植大麦和豆类，驯养牛（特别是水牛）、绵羊、山羊、鹿和猪。这个文明涵盖的地域非常广泛——这一时期遗迹的分布西至印度河－恒河平原，南至现在的古吉拉特邦的库奇兰恩（Rann of Kutch）。然而，这一阶段还有很多未知之处。在摩亨佐－达罗这样的遗址，遗址延伸到目前挖掘深度以下几米，但由于保护优先于挖掘，人们可能需要很多年才能看到这一时期更确切的图像。

哈拉帕文明成熟阶段从公元前 2600 年持续到公元前 1900 年，这一阶段被认为是城市化的顶峰，虽然村庄的数量仍然超过城市中心。城堡、粮仓、公共建筑和私人建筑的位置在各个定居点都不一样，但无论大小，都有一定程度的规划。灌溉工程非常复杂，可以连续种植作物，犁被用来耕种田地。出土的狗的骸骨表明它们被驯化了。这一阶段的人口估计在 40 万到 100 万。

目前没有发现大型王陵、宫殿或寺庙存在过的证据，也没有发现常备军或奴隶存在过的证据，这削弱了哈拉帕是中央集权帝国的观点，但某种形式的国家结构可能是存在的。制陶和制砖等工艺的统一性一直延伸到村庄层面，这表明当时有专门的世袭团体或行会，以及完善的内部贸易体系。到了哈拉帕文明成熟阶段，印章上的符号变得标准化。赌博现象很普遍，在摩亨佐－达罗和其他地点发现的几十枚立方体陶制骰子就是明证。种植棉花可能是为了制作衣服，还可能是为了与西亚进行贸易。

虽然没有发现任何可以被明确归类为寺庙的建筑，但某种宗教意识几乎可以肯定是存在的——已知的哈拉帕信仰体系与印度教之间的联系很多，不容忽视。我们经常可以看到崇拜者跪在菩提树前膜拜（菩提树在印度教和佛教中都被认为是神圣的）。沐浴是哈拉帕文明的重要组成部分，也是印度教仪式的核心。看上去是火祭坛的设施、动物祭祀的证据，以及万字符的使用，都让人想起印度教的仪式。

这方面最令人信服的证据是这样一枚印章，上面描绘了一个戴着角状头饰、以瑜伽姿势坐着的人，周围环绕着老虎、大象、水牛和犀牛。这枚印章只有 1 英寸（约合 2.54 厘米）高，上面的人被命名为帕舒帕蒂（Pashupati）或“百兽之王”，马歇尔将其描述为“湿婆神的原型”。湿婆神是印度教万神殿中的一个关键的神，被认为是创造和毁灭之神。

帕舒帕蒂印章。贾瓦哈拉尔·尼赫鲁和随后的印度教民族主义历史学家都热切地接受了“百兽之王”作为湿婆的原型。

但正如美国印度学专家温迪·多尼格（Wendy Doniger）指出的那样，这种联系只是对这个人物的十多种解释之一，“受特定历史环境和解读者动机的启发或制约”。同样，丰满女性形象的小陶俑可能是以印度教女神为原型，也可能仅仅是对女性形体的赞美。我们所知道的是，来自中亚的移民部落借鉴了现有的神祇和信仰体系。如果这些所谓的神祇的原型不是一个连贯的宗教体系的证据，那么这就意味着这样一种可能性，即哈拉帕文明可能是世界上第一个世俗国家，比欧洲启蒙运动早了 4 000 年。

到底是什么导致了哈拉帕文明在公元前 1300 年灭亡，至今仍有很多解释。后来的宗教文献表明，掌握了马拉战车的好战游牧民族入侵了这个文明的城市。莫蒂默·惠勒爵士（Sir Mortimer Wheeler）曾在 1944—1948 年担任印度考古调查局局长，他是这一理论的支持者，他的著名论断是：“根据间接证据，因陀罗（Indra，雅利安人的战神）应该受到指控！”

但考古记录不再支持这一理论。出土的骨骼残骸无法提供任何主要城市遭受袭击的证据。对几处遗址的挖掘表明罪魁祸首是一连串的洪水泛滥，而洪水泛滥可能是由于抬升地面的构造运动而加剧的。其他可能导致哈拉帕文明灭亡的原因包括：河道的改变、森林砍伐、盐度上升，以及新移民带来的疾病。伍兹·霍尔海洋研究所（Woods Hole Oceanographic Institution）的一组科学家在 2012 年发表的一项大规模研究成果表明，长期干旱导致河流干涸或是最可能的罪魁祸首。这一理论是有依据的：2018 年，科学家确定了一个新的地质时期，即“梅加拉亚期”（Meghalayan），始于公元前 2200 年左右的一场持续干旱，它不仅导致了印度文明的中断，还导致了埃及文明、美索不达米亚文明和中国长江流域文明的中断。

《吠陀经》

如果说由于无法破译这些哈拉帕文明的文字，我们无从了解公元前 1300 年之前的故事、历史人物和可靠的事件编年史，那么我们对此后 1 500 年的了解，由于与此不同的原因，仍然很模糊。印度文明的下一篇章将由游牧民族的多次移民浪潮塑造，但是除了工具、武器和陶器碎片，他们几乎没有留下什么线索。然而，精心创作的大量神圣诗集《吠陀经》弥补了考古遗迹的匮乏。

《吠陀经》是用梵文写成的，最初通过婆罗门祭司口头传播，是印度教的基础。人们每天早晨诵读的唤醒神灵的咒语，以及当死者的尸体被放在火葬柴堆上时所做的祷告，已经逐字逐句地流传了几个世纪。这种传播如此精确，以至于当《吠陀经》开始以文本形式被记录下来时，人们发现来自北部克什米尔地区的版本与来自南亚次大陆最南端的泰米尔纳德邦的版本几乎完全相同。自 16 世纪以来，欧洲人一直在研究这些诗歌，但直到 18 世纪晚期，它们的作者之谜才得以解开。是语言学而不是考古学填补了我们现在对印度早期历史知识的缺失。

威廉·琼斯（William Jones）是一位博学多才的学者，他精通很多种语言，在 1770 年年仅 24 岁时就出版了他的第一部作品，把波斯国王纳迪尔沙（Nadir Shah）的传记从波斯语翻译成了法语。一年后，《波斯语语法》（*A Grammar of the Persian Language*）问世，在长达几十年的时间里，该书一直是一本权威著作。他早在 1783 年 9 月抵达加尔各答之前，就已经立志要“比任何其他欧洲人都更了解印度”。在到达加尔各答一年后，他创立了亚洲学会（Asiatic Society）。

琼斯前往印度是为了接受孟加拉地区最高法院法官的任命。他认为，作为法官，要想公正地进行审判，就需要了解印度教法律的渊源，而这就需要理解梵文文本。他的第一个障碍是要找到一位老师。他接触的高种姓婆罗门拒绝教授外国人这门神圣的语言，但幸运的是，他找到了一位精通梵语的医生，这位医生同意收他为徒。在研究语法时，琼斯注意到梵语和某些欧洲语言之间有显著的相似之处。他将自己的研究成果汇集在一篇论文中，名为《论亚洲词汇的罗马字母正写法》（On the orthography of Asiatik words），发表在《亚洲研究》（*Asiatik Researches*）第一卷上。在这篇文章中，他确立了印欧语系。梵文学者托马斯·特劳特曼（Thomas Trautmann）称这篇文章为“寻找印度的位置”做出了重大贡献。

威廉·琼斯：梵语虽然古老，却有着美妙的结构，比希腊语更完善，比拉丁语更丰富，比两者都更优雅；但是在动词词根和语法形式方面，三者之间多有共性，这绝非偶然。三者之间的联系十分密切，语言学家在对这三种语言进行研究时，无一不相信它们同宗同源，而这一源头也许已经不复存在了。还有一个类似的理由，尽管不是那么有力，可以假定哥特语和凯尔特语虽然混合了截然不同的习惯用语，却与梵文有着相同的渊源，而古波斯语似乎也属于这个语族。

琼斯接着研究了印度教诸神和欧洲诸神之间的相似之处，并得出这样的结论：不仅有一个共同的语族，而且有一个共同的宗教家族。罗马神雅努斯（Janus）变成了象头神伽内什（Ganeśa），而罗马主神朱庇特（Jupiter）则与印度教主神因陀罗相对应。印度教中的克利须那（Kṛṣṇa，即黑天，又音译为“奎师那”）相当于阿波罗。萨图恩（Saturn）、挪亚（Noah）和摩奴（Manu）都是同一个创世神话中的参与者。对琼斯来说，印度教是古代希腊罗马多神教的鲜活再现。

他推测，对这种显著的语言和宗教融合的唯一解释是移民活动，即那些说印欧语系的人曾经在从波兰延伸到乌拉尔山脉的广阔草原上拥有共同的家园。历史学家将这种印欧语系最早的一些用法追溯到叙利亚北部。约公元前1380年，米坦尼人（Mitanni）的国王和赫梯人的国王签订了一份和平条约，召唤某些神祇作为见证，其中至少有四个——乌鲁瓦那斯（Uruvanass）、密特拉（Mitras）、因达拉（Indara）和纳萨提亚（Nasatia）——与印度教神祇伐楼拿（Varuṇa）、密多罗（Mitra）、因陀罗和那萨底耶（Nasatya）相呼应。这份条约表明，虽然米坦尼人说当地的胡里安语（Hurrian），但他们的统治者拥有像印度 - 雅利安人的名字，并信仰印度 - 雅利安人的神祇。

这些来自大草原的游牧民族称自己为“雅利安人”（Ārya），而这是古代波斯人使用的名字，也是“Iran”（伊朗）一词的词根。“Ārya”也是“Eire”一词的词根，后者是指在这次大迁徙中被殖民的最西边的土地。定居在印度的雅利安人驯服了马，并使用能载三个人的轻型战车。他们养牛，熔化青铜来制造工具和武器，和哈拉帕人一样，他们也赌博。

根据吠陀文献的记载，一次突然的外族入侵摧毁了哈拉帕文明。凭借他们的马拉战车，在他们的战神——在雅利安人的万神殿，战神或者叫因陀罗，或者叫马尔斯（Mars），或者叫宙斯（Zeus），或者叫托尔（Thor）——的怂恿之下，雅利安人摧毁了残存的哈拉帕文明，并征服了达萨人（Dāsa，6 万多年前第一拨移民到印度的人的后代）。

入侵理论起源于英国统治印度时期，当时学者们正在寻找方便的借口来为他们对印度的军事征服辩护。这个理论的问题是双重的：没有考古证据来支持入侵假说，它也没有解释在哈拉帕文明灭亡和雅利安人到来之间长达两个世纪的考古学记录的空白。

对古代墓葬遗址的 DNA 测试现在证实了考古学家长期以来的猜测：不是仅有一次雅利安人入侵，而是有一拨又一拨的雅利安人迁徙，他们与印度当时存在的多种文化相互影响，相互吸收。

托尼·约瑟夫（Tony Joseph）的《早期印度人：我们祖先的故事和我们来自哪里》（*Early Indians: The Story of Our Ancestors and Where We Came From*，2018 年）也许是探讨这个问题的最重要的一部作品。他对最近的 DNA 测试和研究进行了全面的考察，得出了这样的结论："今天印度人的基因来自几拨移民，根本就不存在什么自古以来就存在的一个纯粹的群体、种族或种姓。"印度教民族主义历史学家认为这是异端邪说。正如约瑟夫解释的那样：

> 对许多右翼人士来说，认为他们是从其他地方来到印度的，这一观点是不可接受的，因为这将推翻梵语和《吠陀经》作为印度文化唯一和基本来源的地位，因为这将意味着在印度历史和文化中留下了不可磨灭的印记的强大哈拉帕文明在他们到来之前就已经存在了。

由于历史记录的空白，DNA 证据甚至也无法说服那些坚持认为吠陀文明先于哈拉帕文明存在的人。我们很难看出这场辩论最终将如何收场。公元前 1100—前 600 年创作的文学作品数量庞大，但解读是开放性的，就像印度早期历史上的许多事情一样，几乎没有定论。

吠陀时期的印度和拉贾的崛起

在四部《吠陀经》中，《梨俱吠陀》最古老，也最重要。历史学家们逐渐达成的共识是，该书最早编撰于公元前 1100 年左右，或者可能还要早一个世纪。它由1 028首献给神灵的颂诗组成，全书共10卷，创作周期长达数百年。没有证据表明雅利安人会为他们的神灵制作神像。他们与神灵沟通依靠的是咒语而不是雕像。在祭祀时，人们会一边喝苏摩酒（soma，一种致幻饮料），一边诵读经文。孟加拉语诺贝尔奖得主泰戈尔（1861—1941）将经文描述为“一个民族对存在的惊奇和敬畏的总体反应的诗意证明”。

《娑摩吠陀》（歌咏明论）基本上是集《梨俱吠陀》中的颂而成，而《耶柔吠陀》（祭祀明论）是一系列举行仪式时所用的散文诗或咒语。第四部《阿闼婆吠陀》（禳灾明论）与仪式、迷信和雅利安人到达之前印度居民的咒语有关。这些居民有些可能是石器时代印度居民的祖先，另一些则是随着“走出非洲”移民而来的达萨人或部落群体。他们都相信巫术，相信魔法和咒语的神力，通过这些人们可以获得比神更强大的力量。雅利安人并没有试图压制这些信念，而是将其吸收。

传播《吠陀经》的婆罗门利用他们的知识垄断了重要仪式的举行。在《梨俱吠陀》中，几乎四分之一的颂诗都提到了战神和雨神因陀罗，其次是火神阿耆尼（Agni）和太阳神苏利耶（Surya）。

吠陀文献中提到的地名显示，第一批雅利安移民定居在一个被称为“七河之地”（Sapta Sindhu）的地区。“Sindhu”指的是印度河，其他五条是印度河的支流，第七条是娑罗室伐底河，后来干涸了。吠陀社会是建立在部落和氏族基础之上的，《吠陀经》中提到的大约有30个。《吠陀经》中描述了无数的战斗，人们几乎不可能区分出哪些是真实的，哪些是虚构的。这一点在“十王之战”中表现得最为明显，它类似于古印度版的《权力的游戏》。这场战役发生在拉维河河畔，交战的一方是雅利安人国王苏达斯（Sudās），另一方是由10个部落组成的松散联盟，他们可能是“堕落的雅利安人”或达萨人。获胜依靠的不是先进的武器和战术，而是背诵经文。

作为一个农业社会，早期雅利安人依赖于马和牛。牧场被视为珍宝。他们是臭名昭著的偷牛贼——比较宗教历史学家凯伦·阿姆斯特朗（Karen Armstrong）甚至把他们和美国西大荒的牛仔相提并论。在今天的印度，牛的地位非常神圣，大多数邦都禁止食用牛肉，但是在吠陀时期的印度，这个禁忌并没有如此严格。虽然《梨俱吠陀》中有一节讲到禁止食用牛肉，但也有一节允许在婚礼上食用牛肉，只要它是经过仪式被人道地屠宰的。

在吠陀文明的早期阶段，社会是以部落为基础的。处于社会结构顶端的是武士酋长，在《梨俱吠陀》中，他们被称为“拉贾”（raja），这个词与拉丁语中的“rex”（国王）有关。拉贾不是绝对的君主，管理部落事务的是议事会（sabhās）和人民大会（samitis）。前者是由部落中的长老组成的委员会，他们负责主持法院和议会，实行的是一种联盟制或共和制；而后者则由所有自由部落成员组成。尽管这一职位是世袭的，但拉贾通常需要得到议事会和人民大会的批准才能继承王位。拉贾骑马上战场时，会有王室的祭司陪同，他们诵经祈祷，祈求获胜，并举行必要的仪式。

虽然《吠陀经》和后来的《摩诃婆罗多》(*Mahābhārata*)等作品关注的是宗教，但它们确实使我们能够拼凑出这个古代社会的图景，不过历史学家A.L.巴沙姆(A.L. Basham)等学者也警告说："试图用《摩诃婆罗多》重构公元前10世纪印度的政治史和社会史是徒劳无益的，这就像试图根据托马斯·马洛礼(Thomas Malory)的《亚瑟王之死》(*Morte d'Arthur*)来书写罗马人撤退之后英国的历史一样。"巴沙姆允许一个重要的例外，那就是《摩诃婆罗多》中提到的"俱卢之战"(Battle of Kurukshetra)。在这场战役中，般度族人(Pāṇḍavas)在五兄弟的带领下，在驭手克利须那神的帮助下，在今天的新德里附近击败了与他们同宗同族的俱卢族人(Kauravas)。考古遗迹证明这里确实发生了一场战争，但时间是在公元前9世纪初，而不是《摩诃婆罗多》中所述的公元前3102年。它究竟如同书中所描述的那样是一场大战，还是一场被改写为史诗般战斗的小规模冲突，这个问题不太可能得到解决，尤其是在印度紧张的政治氛围中。

《摩诃婆罗多》创作于公元前4世纪到公元3世纪之间，是印度史诗中最著名的，也是最长的——大约是《伊利亚特》和《奥德赛》篇幅之和的10倍。人们在印度教传播的任何地方，都可以看到《摩诃婆罗多》中所描述的战斗场景，柬埔寨吴哥窟的浮雕和爪哇的哇扬木偶戏(wayang puppet theatre)只是两个例子。20世纪90年代末，这部史诗被改编成94集的长篇电视连续剧，在印度国有的全印电视台(Doordarshan)播出，每次播出都让印度几乎所有人停下手中的事情观看。

《薄伽梵歌》是《摩诃婆罗多》中俱卢之战开始之前克利须那神（站立者）和阿周那（跪地者）之间的对话。

《摩诃婆罗多》中最著名的章节是《薄伽梵歌》，这是克利须那神和般度族王子阿周那（Arjuna）之间的对话，阿周那质问克利须那为什么要和他的同族作战。克利须那告诉阿周那，杀死他的同族是他的职责所在："在履行自己的职责时死去，虽死犹生，不履行自己的职责而活着，虽生犹死。"无论付出什么代价，引导一个人行动的必须是环境，而不是个人利益或情感。今天，《薄伽梵歌》在印度教信徒中就像《新约》在基督徒中一样广为人知。1945 年，原子弹之父罗伯特·奥本海默在美国新墨西哥州观看了原子弹的第一次试验，他从《薄伽梵歌》中找到一首诗来描述自己的感受："现在我变成了死神，世界的毁灭者。"

我们通过阅读详细介绍吠陀仪式的《百道梵书》（*Śatapatha Brāhmaṇa*），可以知道雅利安文化和社会的中心地带从公元前 10 世纪左右开始向东转移到位于恒河和亚穆纳河之间的河间冲积地（Doab）。英国历史学家约翰·凯伊（John Keay）将其描述为"由森林和沼泽组成的潮湿的绿色荒野，一片面积接近西伯利亚的热带针叶林"。现在，这里的耕地正被印度快速发展的城市化浪潮侵占。

丛林之地虽然比印度西部干旱的土地更肥沃，但很难清理。然而，最终它们将支撑更大的人口密度，这反过来又导致了公元前 800 年左右第一批城市，如迦尸和象城（Hastināpura，即今天的哈斯蒂纳普尔）的建立。在更先进的技术的推动下，可以粗略认为，以地理实体为基础的共和国开始出现。铁的使用可以追溯到这个时期，但是质量很差。直到这个千纪的中期，更先进的熔炉才使铁头犁得以使用，这反过来又促进了作物的广泛种植和劳动力的增加。这一向东扩张的另一个特点是出现了更精美的陶器，这种陶器被称为彩绘灰陶。通过研究这些灰陶的遗迹，我们可以追踪雅利安人逐渐迁移到今天的比哈尔邦边界并向南迁移到讷尔默达河的过程。

虽然南亚次大陆社会分层的证据可以追溯到哈拉帕文明，但随着肤色浅、说梵语的雅利安人与肤色较黑的达萨人日益融合，社会分层有了更深刻的含义。血统的纯正变得至关紧要。到公元前 1 千纪中期，雅利安人和达萨人之间的社会区分扩大为一个等级制度，或者说是瓦尔纳制度（varṇas）。《梨俱吠陀》上的一段诗文解释了这种制度背后的依据，也解释了今天印度教的很多方面。

《原人歌》假定有一个从创世之初就被创造出来并且会永远存在下去的社会秩序。它描述了原人的身体是如何被分成四个瓦尔纳的。婆罗门来自原人的口，他们的权力来自他们对献祭（*yajna*）等仪式的垄断。就像一个古老的算法，吠陀颂诗的神圣话语需要被完美地吟诵，否则它们将变得毫无价值。这些颂诗的力量十分强大，它们可以影响诸神，使他们行善或作恶。由于掌握了这些颂诗和仪式，婆罗门祭司（purohitas）带领人们祈祷，以确保丰收、生出儿子或战争的胜利。

刹帝利来自原人的双臂，他们组成了贵族和武士阶层。吠舍来自原人的双腿，他们包括地主、农民和商人。首陀罗是地位最低的种姓，他们来自原人的双脚，包括奴隶和仆人，由非雅利安人和与雅利安人通婚的达萨人组成。在他们之下是“贱民”（Untouchables），也就是那些没有种姓的人，他们做的是最卑贱的工作，比如清扫街道和清除粪便。

前三个等级被称为“再生族”（dvija），因为他们有权拜神和礼诵《吠陀经》，这相当于赋予他们第二次生命。这就使得首陀罗永远处于较低的地位中，永远无法进入再生族的行列。瓦尔纳制度是公元 1 世纪进入法律的种姓制度的前身。虽然根据宪法，基于种姓的歧视是非法的，但它仍然是印度社会的一个标志性特征。

后期吠陀时代（公元前 1100—前 500 年）的雅利安社会有以

下几个基本特征：使用梵语，虽然梵语仍然是一种口头语言；一种将祭司置于国王之上的社会分层制度；主要以家畜养殖为基础的经济；拥有一座众神组成的万神殿，其中大多数与西方的神祇有相似之处；从赌博到婚姻再到死亡，生活的方方面面都依赖与《吠陀经》有关的仪式。

城市人口的增加导致了贸易的增长，但以农业为主的社会性质意味着商业上的联系是很原始的。直到公元前6世纪，才有了货币使用和商人阶层存在的证据。《吠陀经》中也没有提及文字，但是这可能是因为它被祭司视为一种令人反感的创新。火葬的做法优先于土葬，这可能是因为火和仪式的纯洁性之间的联系。直到《奥义书》（*Upaniṣhads*）问世之后，转世轮回的观念才变得根深蒂固。

尽管我们可以从《吠陀经》和《摩诃婆罗多》等史诗中收集到所有这些信息，但正如巴沙姆所哀叹的那样，印度直到公元前1千纪中期的历史，仍然是“一块缺失了许多碎片的拼图……缺乏那些能够使专业和业余历史学家对过去的研究充满活力的有趣事件和人物”。观点上的分歧使情况更加混乱，一些观点是基于对历史证据的解释，另一些则是纯粹出于意识形态的目的。

但吠陀文明晚期也是一个新的历史时期的转折点。神话和传说的时代即将转变为王国的时代和具有远见卓识的领袖的时代。这些领袖中最重要的是乔达摩·悉达多，泰戈尔称他是“世界上最伟大的人”。

第二章

宗教改革者

比姆拉奥·拉姆吉·阿姆倍伽（Bhimrao Ramji Ambedkar，1891—1956）是印度宪法的起草人，重要的是，他也是贱民的领袖。1956年10月14日，他站在那格浦尔市（Nagpur）近50万人的人群面前，宣布放弃生来就信仰的印度教，改信佛教。现场大多数人效仿阿姆倍伽的做法，使这次集会成为历史上规模最大的一次宗教皈依活动。在接下来的几个月甚至几年里，300多万贱民通过皈依佛教，快速摆脱了把他们置于印度社会最底层的种姓制度。1961年的人口普查显示，印度的佛教徒人数在10年间增加了1 671%。

在这个给世界贡献了佛陀（约公元前563—约前483年）的国家，到20世纪中期，除了遥远的佛教王国拉达克（Ladakh）和印度东北部的少数社区外，佛陀的追随者几乎灭绝了。阿姆倍伽在印度复兴佛教，这既是一种宗教和道德现象，也是一种社会现象。在皈依佛教之前，他发展了一种名为“中乘佛教”（Navayana Buddhism）的新教义，摒弃了弃世、重生和出家等概念，但保留了慈悲和平等的概念，并将其转化为一种社会行动主义。

阿姆倍伽对佛教的改革并不像听起来那么激进。当佛教第一次出现在印度时，它就是对严格正统的吠陀婆罗门教的一种反对。任何一个人，无论信仰、无论社会阶层、无论性别，都可以自由地追随佛陀。

佛陀本名乔达摩·悉达多，大约于公元前 563 年出生于尼泊尔南部的王室家庭，约 80 年后去世。佛教传说将佛陀的诞生归因于神的干预：他的母亲摩耶夫人（Māhāmāya）梦到一头象征着王室威严和权威的大白象进入她的身体。后来悉达多从她的右腋下降生，却被半人半神的提婆（*devas*）拉开的金网接住。他环顾四周，宣告说："天上地下，唯我独尊。"当被问及如何解释这一奇迹时，圣贤们发现了这个孩子的手和脚上有轮子的印记，并预言他长大后会成为一位强大的国王或伟大的宗教导师。

公元前 1 千纪的中期是一个思想激荡的时期，不仅在印度，在其他文明世界也一样。在中国，孔子在阐明他的教导；在希腊，早期的哲学家（如苏格拉底）正在探索真理的概念；而在近东，希伯来先知正在传播《旧约》的教义。

在印度，雅利安人的游牧、半游牧的部落社会正在让位于以城市为中心、以农业为基础的社会。出生率飙升。公元前 5 世纪的希腊历史学家希罗多德将印度描述为世界上人口最多的国家。以部落为中心的共和国和区域性王国开始出现。其中面积最大的是位于现代北方邦东部的拘萨罗王国（Kosala）和位于现在比哈尔邦的摩揭陀王国（Magadha）。通过向温顺的臣民征税，这些王国的统治者建立了庞大的军队和高效的国家结构。统治者的力量不再依赖于他的吠陀婆罗门顾问提供的超自然帮助，而是依赖于他的政治技巧和强大的军队。

新形式的异端也在深入人心，它们拒绝《吠陀经》的权威和婆罗门的社会支配地位。对于非婆罗门来说，印度教的很多内容都是不可理解的。《吠陀经》的颂诗很复杂，其教义与日常生活几乎毫无关联。吠陀诸神无法与当地的自然和生育神相竞争，这些当地的神长期以来被供奉在路边的小神殿里。祭祀仪式（尤其是那些涉及动物屠宰的仪式）被边缘化了，婆罗门教权威的基础也随之被边缘化了。种姓制度在精神生活中的作用受到质疑，地位较低的人涌向拒绝吠陀时期严格等级制度的新教派。

《奥义书》是公元前 800—前 300 年编纂的一套吠陀文献，它提出了生死轮回（saṃsāra）的概念。《奥义书》曾宣扬灵魂转世的形式取决于个人的行为。善有善报，恶有恶报。涅槃（nirvāṇa）可以使人从重生的循环中永久解脱。这样的想法催生了对救赎之路的必然追求。出家将成为一系列新宗教的基础，这些宗教对印度和亚洲大部分地区都产生了深远影响。

为了寻求救赎，抵抗婆罗门的仪式主义和排他性，苦行僧和托钵僧在恒河平原的广袤森林中流浪。他们常常赤身裸体，头发乱蓬蓬的，比赛谁更能吃苦，同时在寻求新的皈依者时相互质疑对方的宗教资格。这种形而上的抗议和反抗文化催生了新的信仰，这些新信仰抛弃了婆罗门教的教义，并声称拥有神圣的权威。

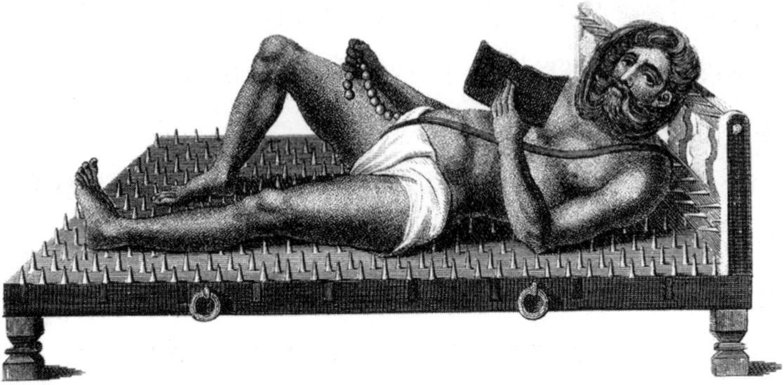

近乎裸体的苦行僧斜倚在钉床上的刻板形象可能起源于公元前800年至前300年，当时苦行成为《奥义书》的核心主题。

开悟之路

乔达摩·悉达多的父亲是释迦族的国王，当时的释迦族在拘萨罗王国的统治之下。悉达多在父亲位于迦毗罗卫（Kapilavastu）的宫殿里长大，那里现在是尼泊尔南部特莱（Terai）平原上的兰毗尼（Lumbini）。悉达多过着养尊处优的奢华生活，远离外界的现实。一天，大约18岁的他好奇地想看看宫殿墙外是什么，于是就走进了一个花园，在那里他第一次遭遇了人类的苦难：一个老人、一个病人、一具尸体和一个流浪的苦行僧。分别代表衰老、疾病和死亡的前三个景象让悉达多意识到，对于一个人来说，无论贫富贵贱，苦难是必然性的，生存是短暂的。苦行僧则通过揭示一种超越时间的方式提供了一种解决方案。

悉达多发誓要效仿苦行僧，他抛妻别子，放弃了他的宫殿，

根据传说，佛陀在苦行期间吃得很少，每天只吃六粒米，以至于形容枯槁，皮包骨头。

放弃了他的财富和王位，成为一名隐修者。在接下来的六年里，他加入了恒河平原上流浪的托钵僧队伍，苦修苦行，尝试不同的救赎之路。

最终，揭示开悟之路的不是苦行，而是冥想。悉达多小时候常坐在阎浮树下思索，以便把自己从肉欲和邪念中解放出来。想起这些早期的启示，他开始在一棵神圣的菩提树下冥想，发誓要一直待在那里，直到重新找回那种幸福安宁的状态。经过几天的冥想，他终于意识到了痛苦和无常的真正本质，制定了克服它的方案，因此成了佛陀，即觉悟者。今天，佛陀开悟的地方被称为菩提伽耶（Bodh Gayā）。

佛陀随后出发前往圣城迦尸附近的鹿野苑（Sarnath）。首先，他向五个弟子讲法，这就是“初转法轮”。他提倡“中庸之道”，认为既不能享乐纵欲，也不能禁欲苦行，仇恨、嫉妒和愤怒也要避免。接着他解释了“四谛”，即关于苦、集、灭、道的四种神圣真理。为了结束苦难，一个人必须接受“八正道”，即正见、正思维、正语、正业、正命、正精进、正念、正定。

这篇布道阐述了佛教世界观的基础，这种世界观是一系列相互关联的主张，认为愚昧无知是人类苦难的根源。这种愚昧无知源于我们未能理解世界的本质，即诸行无常，一切皆苦。我们由于意识不到人生无常，所以才会痛苦。

最后，他宣扬宇宙是没有灵魂的。轮回的本质是没有任何东西从一个生命传递到另一个生命。通过抑制放纵和控制欲望，人类的状况将变得可以忍受。如果一个人的一生积累了足够的功德，他或她就可以达到涅槃的状态，从无尽的轮回中解脱出来。

他并没有提到造物主或救世主，不以精神权威自居，也禁止崇拜偶像。就其本身而论，佛教是对原有宗教的补充而不是取代。佛教到底是一种宗教还是一种哲学，这个争论仍在继续。

佛陀的教导被称为“达摩”（dharma），这个词包含了多种相关的含义，如法律、责任、正义、道德、虔诚等。在佛陀的教义

佛陀的早期象征是一些符号，如法轮、菩提树、一只手心朝上的手，或者脚印。

中，达摩指的是一套在生活中要遵循的原则，这些原则深深植根于哲学。后来，佛陀的追随者将他神化。

鹿野苑的五名弟子成了最早的僧团（saṇgha）的核心成员。僧团迅速传遍印度北部，对所有人开放，不论性别和社会地位。因为可以通过捐赠金钱和世俗物品积累功德，寺院变得十分富有，这使它们能够资助更多的传教活动。

佛陀并不是唯一的精神导师，他的遗产将引发宗教革命。在印度独立斗争中，圣雄甘地借鉴了耆那教的“真理”（satya）和“不害”（ahiṃsā）原则。和佛陀一样，耆那教的创始人筏驮摩那

（Vardhamāna，约公元前 599—约前 527 年）是刹帝利武士的后代。他的流浪行乞生涯始于 30 岁，与佛陀大致相同，但持续了 12 年，持续时间是佛陀的两倍。筏驮摩那的苦修也更加严酷，包括长达 6 个月的禁食。他得到启示时，并不是舒适地坐在树荫下，而是在灼热的阳光下蹲了两天半之后。他成为绝对知识的拥有者（kevalin）和征服者（jina），“耆那教”这个名称就是从后者衍生而来的。

印度的主要宗教（依据的是 2011 年的人口普查）

印度教信徒	827 578 868	80.5%
穆斯林	138 188 240	13.4%
基督徒	24 080 016	2.3%
锡克教徒	19 215 730	1.9%
佛教徒	7 955 207	0.8%
耆那教徒	4 225 053	0.4%
其他	7 367 214	0.7%

在后来的 30 年里，大雄（Mahāvīra，筏驮摩那的尊称）和一群追随者在印度北部流浪。但耆那教的传播速度比佛教慢，因为其对禁欲的要求非常严格，也不太重视传教活动。他大约死于公元前 527 年，之后，一连串著名的导师得到了国王的支持，这些国王中有孔雀王朝的开创者旃陀罗笈多·孔雀（Candragupta Maurya，公元前 321—前 297 年在位）。

和佛教一样，耆那教也是反婆罗门教的。耆那教的基础是相信所有形式的存在，认为从人类到最小的昆虫都有灵魂或生命（jiva），而这就是“不害”原则的根源，即不能伤害其他生命。耆那教的天衣派（Digambara，又译空衣派）把这一点发挥到了极致。这个教派的信徒不穿衣服，除了一个用葫芦做的水罐、一束用来清洁地面的孔雀羽毛和一个用来遮脸的纱布面具（防止不小心吸入昆虫）之外，他们没有任何财产。他们夜里不点蜡烛，因为担心会有飞蛾飞入火焰。根据耆那教最严格的传统，只有这些“穿天衣”的教徒才能获得开悟。

因为耕作土地可能会杀死昆虫，所以耆那教徒避开农业而青睐商业。如今，他们是印度最富有的群体之一，在银行业和珠宝贸易中发挥着主导作用。由来自古吉拉特邦小镇帕拉恩普尔（Palanpur）的耆那教徒组织的一个庞大网络，控制着全球约 90% 的钻石切割和抛光业务。

随着佛教和耆那教的兴盛，其教徒最初建立的国家也欣欣向荣。到公元前 5 世纪早期，在阿阇世王（Ajātaśatru，公元前 492—前 461 年在位）的统治下，摩揭陀成为当时南亚次大陆上最重要的王国。阿阇世王在谋杀父亲频毗沙罗（Bimbisara，公元前 544—前 492 年在位）后登上王位。他是一位开明的君主，也是佛陀的狂热崇拜者。他征服了敌对的拘萨罗王国和毗提诃王国（Videha），征服了从尼泊尔喜马拉雅山脉到孟加拉湾之间的大片领土。最重要的是，他把首都迁到了恒河河畔的华氏城，这里是印度北部利润丰厚的河流贸易中心。他的继任者们大多数是通过谋杀父亲而登上王位的，在公元前 4 世纪早期建立了强大的难陀王朝。

印度的“尤利乌斯·恺撒”

尽管难陀王朝的领土范围在印度历史上是前所未有的，但在亚历山大大帝迅速扩张的帝国面前，它就相形见绌了。从雅典出发，亚历山大的军队已经控制了西亚的大部分地区。公元前 331 年，他进军波斯，击败了阿契美尼德王朝（Achaemenids）最后一位皇帝大流士三世。随后，他的军队横扫兴都库什山脉，占领了喀布尔周边地区，并于公元前 326 年渡过印度河。但这已经不再是一股不可战胜的征服力量。多年的强行军和艰苦的战役，再加上对未来的恐惧，使他的士兵身心俱疲。当队伍到达比亚斯河（Beas River）时，亚历山大不得不接受将军们的撤军建议，因为他们担心手下的士兵会叛变。

亚历山大征服的意义是有争议的。作为第一个入侵印度的“西方人”，他被 19 世纪的英国殖民者奉为先驱—— 一个为西方文明打开亚洲大门的伟大帝国英雄。虽然他卓越的军事才能和有时不计后果的冒险行为也激励了后来的印度统治者，但亚历山大既缺乏战略规划，也缺乏有效的管理。正如爱尔兰印度学家文森特·史密斯（Vincent Smith）指出的那样 ：“印度并没有被希腊化，而是继续过着‘辉煌的孤独’生活，很快就忘记了这阵马其顿风暴。”

当亚历山大沿着印度河撤退时，他经过了哈拉帕古城的神秘遗址，留下了零星的驻军，并任命总督管理被征服的领土。然而，尽管亚历山大的进军充满了传奇色彩，但他给人留下的印象很少，以至于现存的古印度文献中对他只字未提。公元前323年，他在巴比伦去世后不到一年，当地的起义就摧毁了他留下的大部分前哨基地。

其中一个希望亚历山大继续向东进军印度的人是一位在古希腊文献中被称为山德罗可图斯（Sandrokottos）的印度将军。这位半神话人物的身份一直是个谜，直到威廉·琼斯在翻译公元1世纪的一部梵文戏剧时，偶然发现了一位名叫旃陀罗笈多·孔雀的印度统治者，他夺取了对手的王位，在华氏城建立了首都，并在那里接见了来自遥远国度的使节。他的结论是，山德罗可图斯和旃陀罗笈多是同一个人。琼斯这个发现的意义不仅仅是将两者联系起来。通过确定旃陀罗笈多统治的时间，重构古印度的大部分历史终于成为可能。

旃陀罗笈多在25岁左右被摩揭陀的国王流放。亚历山大之所以会停止继续进军印度，原因之一就是他听说了摩揭陀军队的强大。然而，旃陀罗笈多却怂恿亚历山大横渡比亚斯河，坚持认为征服摩揭陀很容易，因为那里的人民会起来反抗国王，他们“因为他的卑鄙和卑贱而憎恨和蔑视他”。

被亚历山大冷落的旃陀罗笈多开始集结自己的军队，主要由来自印度西北边境的不同部落的士兵组成。这支军队很快消灭了剩余的希腊驻军，并在公元前321年击败了摩揭陀的统治者难陀，占领了他的首都华氏城，并控制了他的军队——由8万匹马、20万步兵和6000头战象组成。

在向西进军的过程中，旃陀罗笈多还让亚历山大的将领塞琉古·尼卡托（Seleucus Nicator，约公元前358—约前281年）遭遇了耻辱性的失败，后者试图收复亚历山大失去的领土。这位希腊将军被迫用现在阿富汗南部和东部的大片土地来交换仅仅500头大象。两位领导人随后可能是通过联姻达成了某种和解。

作为一种友好的姿态，塞琉古派遣了他的大使麦加斯梯尼（Megasthenes，约公元前350—约前290年）前往华氏城。麦加斯梯尼游历印度时，写出了第一部由外国旅行者撰写的关于这个国家的详细描述。他的《印度记》（*Indica*）原稿已经佚失，但斯特拉波、普林尼和阿里安等人的作品中保留了一些片段。他对“这片神秘而神奇的土地”的描述并不总是准确的。对于没有亲自观察到的东西，麦加斯梯尼借鉴了早期的传说。这些传说中有没有嘴的人——只靠烤肉的香味、水果和花朵的芳香生存，有活了1 000年的希柏里尔人（Hyperboreans，居住在希腊以北极远处的传说民族），还有长着大耳朵的种族，他们把耳朵像毯子一样裹在身上。

对历史学家来说，更有价值的是他对山德罗可图斯宫廷的描述。根据他的描述，这个宫廷“维持着野蛮和奢华的炫耀”。即使考虑到夸张的成分，人们从他的作品中也可以清楚地看出，华氏城是古代世界上最伟大的城市之一。这里有湖泊和花园，种满了荷花、茉莉和芙蓉花，喷泉送来阵阵清凉——这与其遗迹之上混乱拥挤的现代城市巴特那（Patna）相去甚远。旃陀罗笈多的宫殿完全是用木头建造的，里面“有金盆金杯，有的有6英尺（约合1.83米）宽，雕刻精美的桌椅、镶嵌着宝石的铜器、华丽的刺绣长袍随处可见，这些都为公共仪式增添了光彩”。娱乐活动包括角斗比赛、赛牛和王室狩猎。

麦加斯梯尼描述了一个组织良好的管理体制，国王专注于国事和个人安全，每晚睡不到 4 个小时。无论他走到哪里，警卫都陪伴着他——他最喜欢的交通方式是由大象驮着的金轿子，由侍女为他撑伞遮阳。他尽管只统治了 24 年，却被称为印度的“尤利乌斯·恺撒”、印度的“铁血宰相”。在驱逐了西北的希腊驻军后，他将领土扩大到包括印度北部的大部分地区，从阿拉伯海到孟加拉湾。孔雀帝国拥有如此广阔的领土，成为印度第一个多民族王国。到公元前 3 世纪旃陀罗笈多的孙子阿育王统治时期，孔雀帝国几乎覆盖了整个次大陆，其疆域与晚至 17 世纪末，莫卧儿帝国皇帝奥朗则布统治时期的印度版图非常接近。

长期以来，像麦加斯梯尼这样的希腊作家和偶尔出现的印度剧作家是人们了解孔雀帝国的最终权威，这种情况一直延续到 20 世纪初，当时有一位来自坦焦尔（Tanjore）的婆罗门学者带着一份棕榈叶手稿来到迈索尔（Mysore）的东方图书馆（Oriental Library）。这部作品就是有关古代印度行政、法律、贸易、战争与和平的最重要信息来源之一的《政事论》(*Arthaśāstra*)。其作者被认为是旃陀罗笈多的婆罗门顾问考底利耶（Kauṭilya，公元前 375—前 282 年），他的名字有“弯曲的”或“狡诈的”之意。最近的研究表明，《政事论》在公元 2 世纪或 3 世纪被多位作家广泛修订。

诺贝尔奖得主、印度经济学家阿马蒂亚·森（Amartya Sen）指出，这本书最明确的信息就是“强权即公理”。还有人把它比作孙子的《孙子兵法》，认为它为野心勃勃的企业家们“在一个竞争激烈、正在融入全球化的国家中积累财富”提供了指南。轻信他人会带来灭顶之灾。道德绝不能影响治国之道。与权力或热情相比，权术是成为国王的更重要条件。权谋是治国之道的基础，因此考底利耶建议利用高级妓女充当间谍或告密者。间谍也可以被用来传播错误信息，在敌军中引起恐慌，还可以通过编造胜利，或通过假装占星家来宣称国王无所不知，来鼓舞己方士兵的信心。

> 考底利耶论腐败：“正如我们不可能知道在水中游动的鱼什么时候在喝水一样，我们也不可能知道被指派执行任务的政府官员什么时候在贪污。”
>
> 考底利耶论权力：“统治者应该用诱惑来赢得他的人民：国王应该知道如何表演魔术，让自己获得神奇力量的光环，应该充分利用权谋来操纵。”

在德国社会学家马克斯·韦伯看来，《政事论》中激进的权术说让马基雅维利的《君主论》相形见绌。这一点在考底利耶关于如何追求权力的建议中表现得最为明显。他对国王的称呼是“vijigīṣu”，意思是渴望征服的人。然而，尽管扩张政策是考底利耶权术思想的关键，但是国王始终面临着一个困境，那就是如何将自己的权力与婆罗门祭司阶级所宣称的宗教权威相结合。正如政治学家苏尼尔·基尔纳尼（Sunil Khilnani）所言：“为了获得合法性，统治者必须表现出他对世俗权力本身不感兴趣，并表现出一种弃绝尘世的倾向——但这绝不能阻碍他对权力的追求。至今的印度统治者依然在为了达到这种平衡而做出无休止的努力。”

根据传说，旃陀罗笈多在公元前 297 年退位。关于他为什么在权力巅峰时这么做，众说纷纭，耆那教的一个传说提到了他的宗教顾问的一个预言，说他的王国将被长达 12 年的饥荒困扰，这是对他统治期间暴力行为的报复。根据这个传说，他皈依了耆那教，并与一群僧侣一起前往印度南部苦修。他们最后停留在耆那教圣地释瓦纳贝拉格拉（Śravaṇa Beḷagoḷa），据说，他在这里采取了终极的克己行动，绝食至死。

阿育王："历史上最伟大的帝王"

下一章我们对印度历史的了解很大程度上要归功于威廉·琼斯在亚洲学会的继任者们的考证工作。1837 年，詹姆斯·普林塞普（James Prinsep，1799—1840）在研究桑吉（Sanchi）佛塔石栏上的铭文时，破译了其中的两个字符，而这就足以让他识别出这种语言是巴利语（Pāli）。接着，他开始破译散布在次大陆各地的其他铭文。这些铭文有的刻在巨石上，有的刻在悬崖上。但最令人印象深刻的是那些刻在巨大的圆形石柱上的碑文。关于铭文含意的猜测五花八门，有人说是晦涩难懂的吠陀咒语，有人说是独特的印度版"十诫"。普林塞普很快就弄明白了，它们是同一位君主颁布的法令。大多数法令以"Devanāmpiya Piyādassi"（前者意为“众神最爱”，后者意为“仁慈之人”）如是说开头。斯里兰卡的佛教编年史提到了一位名叫“Piyādassi”的斯里兰卡国王，他和一位支持佛教并统治着一个庞大王国的印度君主同名。但直到20世纪初，这位Devanāmpiya Piyādassi才被确认为阿育王。

威尔斯在他的《世界简史》中称阿育王为“历史上最伟大的帝王”，因为他放弃了战争，接受了佛教，并宣称他所有的征服都是“宗教的征服”。在历史学家A.L.巴沙姆看来，阿育王“凌驾于古印度的其他国王之上，如果没有别的原因，那就是因为他是其中唯一的人们可以以一定程度的确定性重构其生平的国王”。在描述阿育王的性格时，巴沙姆认为，他是一个“有点天真，往往相当自以为是和浮夸，但不知疲倦、意志坚强和专横”的人。

当阿育王于公元前268年即位时，他继承了一个拥有约5 000万人口的帝国，其社会、宗教和种族都是多元的。摩揭陀和西恒河平原周围的地区很大程度上受到雅利安文化的影响。向西和向北的地区与阿富汗的希腊化文化有联系，而南部则有独特的、在雅利安人到来之前就存在的达罗毗荼（Dravidian）文明。帝国的规模和多样性要求重视政府机构和权威。阿育王下令修筑道路，路两边绿树成荫，在一天的路程结束的地方，有水井和客栈。他还下令种植草药。为了管理如此庞大的帝国，他任命了专门的“法律监督者”（dhamma-mahāmāttas）来巡视他的王国，确保地方官员认真履行自己的职责。这些法敕是他的帝国计划的一部分，它们被放置在重要的人口中心或其附近，以此确保它们永远地流传下去：“只要我的儿孙在位，只要日月还在。”

尽管人们最常记住的是他的说服政策而非胁迫政策，但他的统治始于暴力。根据印度西部吉尔纳尔（Girnar）一块石刻法敕的记载，他在征服羯陵伽（Kalinga）王国时屠杀了 10 万人。法敕宣称，还有更多的人可能死于饥荒和疾病，这一战争带来的灾难唤醒了阿育王的“悔恨和深切的悲伤”。

已经发现的 33 条法敕大多数是用普拉克利特语（Prākrit）写的，这是几种方言的统称，其使用比文学梵语或锡兰佛教（Ceylonese Buddhist）文本中使用的巴利语要广泛得多。印度西部使用的语言是希腊语和阿拉姆语（Aramaic），后者是波斯帝国的通用语。阿育王石柱以其艺术之美而闻名，上面装饰着栩栩如生的狮子和公牛形象，这些很可能出自阿契美尼德帝国灭亡后从波斯移民到印度的熟练石匠之手。一些石柱有 12 米到 15 米高，由一整块石头雕刻而成。这些重达 50 吨的石柱在瓦拉纳西附近的楚那尔（Chunar）被开采出来后，运送到数百千米外的重要地点。

虽然这些纪念柱和岩刻法敕可能源自波斯皇帝大流士一世（Darius I），但它们并没有颂扬阿育王和他的伟大，而是解释了他的达摩政策。达摩最重要的原则是宽容，宽容人民，宽容他们的思想和信仰。正如阿育王解释的那样，这意味着“对奴隶和仆人的体恤，对父母的服从，对朋友、熟人和亲戚的大方，以及对祭司和僧侣的慷慨”。另一个原则是“不害”。征服应该尽可能以仁慈的方式进行。通过树立开明政府的典范，阿育王相信自己会说服邻国相信他的政策的优点，吸引它们加入他的帝国，从而形成

最著名的阿育王石柱是在鹿野苑发现的狮柱。四只狮子站在法轮之上，面朝四个方向。这一形象将成为独立后印度的官方标志，印在硬币、纸币、邮票和印章上。印度的国旗上也有法轮的图案。

一种开明的联盟。

在此之前，印度的治国之道都是建立在通过暴力征服来扩张帝国的基础上的，现在这一做法被推翻了。受佛教思想的影响，阿育王相信征服可以基于虔诚的法则。他废除了动物祭祀，限制肉类消费。皇家狩猎被终止。长尾鹦鹉、鸽子、蝙蝠、蚂蚁、乌龟、松鼠、奶牛、犀牛和奶山羊都成为受保护的动物，不能被屠杀。由于他坚持“不害”原则，他的许多臣民都成了素食主义者。

第二块小岩刻法敕：“孝顺父母，爱护尊重一切生灵，言必真实，这些都是必须践行的义务和美德。同样，学生应尊重师长，对亲戚必须有适当的礼节。这是维持一切的古老职责准则，人们必须按照这一准则行事。”

阿育王最持久的遗产是将佛教从印度本土宗派转变为一种世界性宗教。他下令打开比哈尔地区埋葬佛陀遗骨的8座舍利塔，把里面的舍利分发到帝国各地，其中许多最终到了塔克西拉（Taxila），该地通过旃陀罗笈多统治时期修建的一条皇家道路与华氏城相连。他还指示在帝国各地为佛教和耆那教的僧侣挖掘用于冥想的洞。在福斯特的《印度之行》（*A Passage to India*，1924年）中，菩提伽耶附近的巴拉巴山（Barabar Hills）上的佛窟被称为马拉巴山（Marabar Hills）佛窟。约公元前250年，阿育王在华氏城召集了一次佛教大会，以巴利文对佛教经文进行了整理。僧团的成员被命令在印度内外传播佛教。

公元前2世纪，印度商人在亚历山大建立了一个充满活力的佛教徒定居点，这证明了佛教在这一时期的传播。这个定居点的存在使亚历山大的行政长官抱怨说：“希腊人从蛮族人那里窃取了他们的哲学。”最近的研究指出，佛教《本生经》中的故事与基督教的寓言和奇迹之间有惊人的相似之处。在其中一个故事中，一位虔诚的佛教弟子可以在水面上行走，但是他在抛弃信仰后，马上就沉下去了。在另一个故事中，佛陀用乞食钵盂里的一片面包喂饱了 500 名信徒。另一部佛教作品与《旧约》中浪子回头的故事极为相似。文森特·史密斯写道："新生的基督教和成熟的佛教在亚洲和埃及的学院和市集中相遇，而这两个宗教都受到了周围多种异教的影响，也受到了无数多神教艺术作品的影响。"

阿育王统治时期的和平与繁荣并未持久。虽然他派遣使团传播佛法，但印度社会根深蒂固的阶层分化开始逐渐破坏他的努力。到公元前 232 年前后阿育王去世时，孔雀帝国已经开始分裂。他的儿子们展开了继承权之争。阿育王放弃征服的承诺被忘记，战争再次成为常态。巴沙姆忧郁地指出："总的来说，孔雀王朝之后的印度历史是一个王朝与另一个王朝争夺地区统治权的历史，政治上的统一消失了近 2000 年，虽然文化上并非如此。"

孔雀帝国衰落的原因至今仍有争议。一些历史学家认为，阿育王推崇佛教的做法受到婆罗门祭司的抵制。还有些历史学家声称，他的非暴力政策削弱了国家的军事力量，使其容易受到来自西方的入侵者的攻击。人们提出的另一个原因是，在这么大的疆域范围内，国家意识的形成很困难。最终，这很可能归结于基本的经济学，历史学家指出，孔雀王朝后期银币的贬值证明，以农业为主的经济无法支撑他从旃陀罗笈多那里继承的军队和庞大的官僚机构。

闯入者的时代

孔雀王朝之后的时期通常被描述为印度的“黑暗时代”。这个描述相当苛刻。虽然一拨又一拨来自中亚的游牧民族和希腊冒险家摧毁了印度的城镇，但这一时期并非没有开明的统治者。佛教在其诞生地发展壮大并传播到邻国，希腊－大夏的国王带来了西方的占星术和医学理论。印度与西亚和地中海之间的贸易十分繁荣，以致古罗马的元老们抱怨说，罗马的妇女把钱浪费在丝绸和珠宝等印度奢侈品上。老普林尼在公元 77 年曾哀叹，印度已成为“世界黄金的流入地”。大部分黄金来自传说中印度南部戈拉尔（Kolar）的金矿，从哈拉帕文明时代起，那里的黄金就已经流入亚洲、欧洲和非洲的很多地区。

发生在距印度东北部数千千米处的事件即将影响次大陆的历史。公元前 165 年前后，月氏人被匈奴人打败。随着他们向西迁移，在一种“种族连锁效应”中，他们驱逐了其他部落，最终在大夏定居下来。在那里，塞种人（Shakas）的部落早些时候驱逐了亚历山大撤退后留在该地区的希腊定居者的残余。

这些希腊定居者被迫离开了他们在大夏的据点，他们别无选择，只能与以佛教徒为主的犍陀罗（Gandhāra，位于巴基斯坦北部的塔克西拉附近）居民和解。佛教学者被任命为希腊统治者的顾问。这是一项有利的安排，可以确保佛教徒的精神、社会、经济和文化需求得到照顾。希腊语开始在官方文件中被使用，希腊货币也开始出现。一个融合了希腊－罗马美学和独特印度题材的雕塑流派开始蓬勃发展。

到公元 1 世纪晚期，月氏人的一个分支贵霜人迁入犍陀罗，然后进入印度西北部，从而控制了通往亚洲的两条重要贸易路线。就像 1 500 年前的雅利安人一样，他们是优秀的骑手。由于历史资料的缺乏，他们是作为侵略者，还是作为现存统治者的盟友，甚至是作为难民而来，都是有争议的。

贵霜国王称自己为“天子”，这一称呼来自当时的中国统治者。他们中最杰出的统治者是迦腻色迦（Kaniṣka，约 127—约 150 年在位），在他统治时期，帝国的疆域从喀什噶尔（Kashgar）一直延伸到恒河盆地。他有两个首都，一个是布路沙布逻（Purushapura），位于今天的白沙瓦（Peshawar）一带，另一个是位于印度北部亚穆纳河河畔的马图拉（Mathura）。

和阿育王一样，迦腻色迦也皈依了佛教。他在克什米尔召集了一次有 500 多名僧侣参加的大型佛教会议，对佛教经典进行了彻底的重新审查。寺院成为大型企业，经营从贸易到酿酒的各种业务，这使它们能够资助传教活动，从而加速了佛教在中亚和中国的传播。在迦腻色迦统治的后期，刻有希腊字母和佛像的硬币开始出现，同时出现的还有来自波斯、罗马、希腊以及婆罗门教的印度的神像。

迦腻色迦对印度文明的另一个贡献是他对犍陀罗艺术和佛教建筑的赞助。站立的佛像穿着飘逸的托加长袍，展示出独特的地中海发型和面部特征，这证明了希腊 - 罗马艺术的影响。它们很可能出自沿着印度西北部的“丝绸之路”移民而来的罗

1911年，考古学家发现了一尊迦腻色迦的雕像，他身穿长袍和马靴，手执权杖和宝剑，但缺了一个头。矗立在喀布尔博物馆的一座几乎相同的雕像在2001年被塔利班摧毁。

马雕塑家之手。塔克西拉周围的地区成了佛教的中心地带。这里点缀着数百座佛塔，其中既有小型的神龛，也有古代世界最高的建筑——一座约 170 米高的迦腻色迦大塔。

除了对佛教的赞助和在战争中使用骑兵，印度文明几乎没有从这些游牧入侵者那里借鉴什么。人们对迦腻色迦的继承人几乎一无所知，他建立的帝国最终解体了。然而，犍陀罗艺术继续在阿富汗和克什米尔地区蓬勃发展。佛教中心巴米扬位于大夏和塔克西拉之间的商路上，始建于 2 世纪。人们在巴米扬狭窄山谷的悬崖上挖出的作为静修场所的石窟仍然存在，但两尊巨大的佛像（其中最高的高达 53 米）已经在 2001 年 3 月被塔利班分子炸毁。这一事件是一个比印度在公元 1 千纪初所经历的还要黑暗的时代的最低点。

第三章

古典时代

印度中部桑吉一座佛塔的栏杆上镌刻着一句5世纪的铭文，上面写着“已臻圆满”。铭文写于被怀旧地称为印度的“黄金时代”（320—550）的鼎盛时期。这一时期也被称为“古典时代”，是一个经济空前繁荣的时代。科学蓬勃发展，贸易繁荣，犯罪减少。开明的公民出资为穷人修建了免费医院。《摩奴法典》规定了一个人的职责，或者说是“达摩”。一个人一旦履行了自己的职责，就可以踏上《爱经》所指明的通往快乐的道路。人们在史诗，如《摩诃婆罗多》和《罗摩衍那》，以及更容易理解的印度教文本如《往世书》（许多传说和道德戒律的集合）中，可以找到精神上的指导。

这个理想化时代的基础是由摩揭陀国王旃陀罗·笈多一世（Candra Gupta I，319—350年在位，这种称呼是为了将他和孔雀王朝的统治者旃陀罗笈多区分开来）奠定的。笈多王朝是孔雀王朝以后的第一个泛印度帝国，其起源尚不清楚。仅有的一些资料表明，旃陀罗·笈多出身于一个富裕的地主家庭，娶了栗呫婆家族（Lichchavi）的一位公主，成了摩揭陀的国王，都城依然是华氏城。为了纪念这桩基于利害关系的婚姻，王国发行了以新国王和他的王后为主题的硬币，这在印度钱币史上是前所未有的。

他的儿子和继任者萨摩陀罗·笈多（Samudra Gupta，350—375 年在位，即海护王）扩张了帝国，建立了促使帝国兴旺发达的政府机构。关于他的征服的大部分信息来自 19 世纪初在阿拉哈巴德发现的石柱上的一段长长的铭文。铭文记载了他的征服战争，这些征服让他的统治范围向北延伸至喜马拉雅山麓，向南延伸至印度南部的甘吉布勒姆（Kanchipuram），这里也是帕拉瓦（Pallava）王国的都城。根据人口统计学家的估计，当时南亚次大陆的人口大约有 7 500 万。萨摩陀罗·笈多号称“世界征服者”，尼泊尔、斯里兰卡，可能还有东南亚的统治者都承认他的霸主地位。根据他在位期间铸造的钱币，我们知道他把自己视为毗湿奴的化身。有的硬币上刻有他杀死一头狮子、像武士一样拉弓射箭或弹奏琵琶的形象。那些因具有歌功颂德的才能而被选拔的宫廷史家盛赞他的诗歌和他对印度教经文的了解。他对印度教的支持和对达摩的追求使他在今天的印度教民族主义者中很受欢迎，他们视他为古典王权的理想代表。他的帝国影响力证明了外国人并不是唯一能征服印度的人。

萨摩陀罗·笈多的继承者是超日王（Vikramaditya，约 375—415 年在位）。与他的父亲一样，超日王也是艺术和科学的赞助人。那烂陀的佛教大学是在他执政期间建立的，他还资助像迦梨陀娑

（Kālidāsa）这样的剧作家。超日王也称旃陀罗·笈多二世，他在位约 40 年，将王国的边界向西扩张到信德和康坎（Konkan）沿海。他还迁都阿约提亚（Ayodhya），这里是传说中印度教崇奉的神罗摩（Ram）的出生地。

旃陀罗·笈多二世的行政管理远比孔雀王朝分散，相当大的权力被下放给了地方各级官员。一旦一个地区被笈多王朝控制，原来的统治者只要向皇帝进贡并宣誓效忠，通常会被恢复原职。贸易蓬勃发展，香料、纺织品、象牙、宝石、香水和草药通过海路被运往东南亚、东非海岸和海湾地区的港口，并沿着“丝绸之路”被运往各地。

贸易还带来了科学领域的交流。印度数学家发明了从 1 到 9 的数字记数法和零的概念，这是印度对世界最重要的贡献之一。阿耶波多（Āryabhata，476—550）提出了地球是一个绕轴旋转的球体的理论。他计算了一天的长度，其长度与实际值相差不到一秒。他还提出日食是太阳、月亮和地球排成一条直线造成的，而不是神话中的恶魔罗睺（Rahu）造成的。他还正确地将月球和行星的亮度归因于反射的阳光，并将圆周率计算到小数点后四位。1975 年，印度向地球轨道发射了一颗卫星，加入了太空竞赛，这颗卫星就是以他的名字命名的。婆罗摩笈多（Brahmagupta，598—665）是笈多时期的另一位数学家，将零定义为一个数减去自身的结果，但种姓制度的僵化意味着这一知识只能在社会一小部分人内部传播。

笈多象棋

历史学家将国际象棋的发明追溯到笈多时期。它的第一个版本是一款名为“恰图兰卡”（chaturanga）的四人战争游戏。“chaturanga”是一个梵语单词，意思是“四肢”，也是《摩诃婆罗多》中提到的由车、马、象、兵组成的战斗队形的名称。到了 7 世纪，恰图兰卡已经演变成一种双人游戏，就像今天的国际象棋一样——棋子根据其代表的形象在社会中的重要性有不同的权力级别，胜利是通过消灭国王来实现的。在最初的印度版象棋中，象是一头大象，皇后是皇家顾问。

梵语在造币和文学中越来越多被使用，这反映了婆罗门的势力不断壮大。这场语言学复兴的代表人物是剧作家兼诗人迦梨陀娑，他可能生活在 4 世纪晚期。他被称为印度的莎士比亚，最著名的作品《沙恭达罗》（*Śakuntalā*）依据的是《摩诃婆罗多》的部分内容。威廉·琼斯在 18 世纪后期将其从梵文翻译成英文，从而向外界展示了印度文学经典的丰富性。凡是印度影响所至之处，梵文皆成为学术语言。正如印度学家谢尔登·波洛克（Sheldon Pollock）所说：“7 世纪，人们在苏门答腊岛发现一位学习梵语语法的中国旅行者；10 世纪，人们在德干高原北部发现一位来自斯里兰卡的、正在撰写梵文文学理论的知识分子；或者在 12 世纪，高棉王子们为吴哥的比粒寺（Pre Rup）和东梅奔寺（East Mebon）

的宏伟石柱创作了梵文政治诗。这一切都没有什么不寻常的。”

这一时期最著名的著作是《爱经》。我们对作者婆蹉衍那（Vātsyāyana）所知不多，只知道他的真名是马兰伽（Mallanaga），生活在2世纪末或3世纪初，很可能居住在华氏城。《爱经》创作于他践行独身主义和深度冥想的时候，描述了一个理想的世界，在那里享乐是一种合理的放纵。虽然七篇中只有一篇详细描述了性爱姿势，但当它第一次出现在西方世界时，其色情内容马上就抓住了公众的想象力。英国探险家理查德·伯顿（Richard Burton）1883年出版的译本成为维多利亚女王统治时代盗版最多的著作。

《爱经》大部分内容都是关于如何寻找伴侣、如何维持婚姻、如何通奸而不被发现（但是作者并不鼓励欺骗自己的伴侣）。该书的受众是富有的城市精英，因为他们有时间和金钱来享受快乐。在这本书的理想世界里，富人应该在体面的街区买房，房屋四周最好能够有绿树成荫的花园，并靠近河流。他的卧室将散发着芬芳，他的床上将撒满鲜花。每天早晨，他都会在额头和太阳穴上涂上檀香木油，并用胭脂膏勾勒出眼睛的轮廓。他每天要做的就是教鹦鹉说话，参加斗鸡比赛，或者逛妓院，谈论艺术和诗歌，听歌手唱歌。到了晚上，他会在家里点香来欢迎他的爱人。如果她遇上阵雨，妆容被毁，他会给她重新补妆。如果她的裙子湿了，他就用毛巾帮她擦干。

虽然《爱经》强调做爱时要温柔，但是皮肤上的抓痕和齿痕反映出了性行为的强度。除了描述了大量的性爱体位，它还列出了不少于26种接吻方式。同性恋只是被简短地一笔带过。

作者指出：“欲”（Kāma）只是快乐所需要的行为和知识的一种形式；“利”（artha，指财富的获得）应该凌驾于“欲”之上；两者和“达摩”（dharma，宗教义务）结合在一起，构成人生的三大目标。有教养的公民也被期望在自己年老时成就宗教上的功德。

印度教复兴

印度历史学家将笈多时代视为“印度教复兴”时期。佛教在印度已经达到了顶峰，尽管在克什米尔和阿富汗的部分地区佛教仍在发展。对献祭行为的强调让位于被称为“奉爱”（bhakti）的新形式的宗教虔诚，强调对人格神的情感依恋和爱。最受欢迎的神是创造之神梵天（Brahmā），还有毗湿奴及其10个化身，以及兼具创造者和毁灭者的湿婆神。他们一起被称为“三相神”（Trimūrti，意为“三位一体”），至今仍然是印度教的三大主神。在众多吠陀神祇中，只有一个神在新的神殿中找到了一席之地，他就是太阳神苏利耶。笈多石匠们在磨炼了塑造佛陀和母夜叉（yakshas）形象的技能后，将注意力转向了雕刻堪称有史以来最崇高的印度教神像。现存最早的、被用来展示统治者或贵族之虔诚的独立印度教神庙，可以追溯到笈多时代。但直到公元1千纪后期，印度教神庙的建设速度才赶上佛塔。即使在今天，印度教信徒也通常更喜欢在院子里的小神龛里、在菩提树茂盛的树枝下、在圣河或圣池的岸边献祭。

尽管有这次印度教复兴，但人们对佛教和耆那教等其他宗教

笈多艺术中最引人注目的例子是博帕尔附近乌达亚吉里（Udayagiri）的一座5世纪早期石窟的浮雕，描绘的是在创世的那一刻，毗湿奴化身为野猪瓦哈拉，用獠牙托起大地女神，不让大蛇将她拖入原始之洋淹死。

荷兰艺术历史学家亚历克斯·贾尔（Alex Jarl）在描述阿旃陀的石窟壁画时写道："从整体构图到最小的珍珠或花朵，这些画中的每一处都体现着深刻的洞察力和高超的技巧。"

的宽容从未减弱。1817年，一群在德干西北部猎虎的英国士兵，被村里的一个男孩领进了一个马蹄形的峡谷。茂密的灌木丛中隐藏着28个洞窟，人们在其中发现了一些现存最早的印度绘画样本。这些画作是几个世纪创作的成果，而那些可以追溯到5世纪晚期的作品被认为是最好的。这些作品内容依据的是《本生经》中佛陀的故事，表明创作这些作品的艺术家享有丰厚的赞助。

笈多帝国被誉为印度的黄金时代，这在很大程度上是基于中国佛教朝圣者法显（337—422）的著述，他花了六年时间游历了旃陀罗·笈多二世控制的领土。他描绘了一个和平繁荣的社会，这里几乎没有犯罪。他赞许地谈到了华氏城的众多慈善机构。他观察到，笈多王朝的都城有一家向所有病人免费开放的优秀医馆，其运营费用由善良的市民承担。素食主义十分盛行，人们不吃葱、蒜，也不饮酒。与中国不同的是，印度的法规很少，从笈多帝国的一个地区到另一个地区不需要通行证。“欲去便去，欲住便住。”在司法过程中，惩罚很轻微，最严重的惩罚是断右手，并且很少执行。刑法和民法之间首次有了界限。政府对百姓日常生活的干预被控制在最低限度，百姓可以自由地处理自己的事务，发家致富。

当法显描述一个以佛法为指导的社会时，他的宗教偏见就显露出来了。虽然这个王国有许多佛教寺院，包括首都两所容纳了来自佛教世界的数百名学生的寺院，但也有迹象表明佛教正在衰落。菩提伽耶是一个重要的佛教圣地，佛陀就是在这里顿悟的，而此时它已经被丛林吞噬。其他与佛陀有关的圣地，如迦毗罗卫和拘尸那罗（Kuśinagara），已经基本无人问津，只剩下了少数僧人，他们向偶尔到来的朝圣者乞讨。法显的作品也包含了对种姓制度中贱民的第一次描述。他指出，最低种姓的成员必须敲打一块木头来宣布他们的到来，以防止其他人在仪式上被他们污染。

到这个千纪的早期，瓦尔纳种姓等级变得更加复杂，社会也根据职业（即迦提，jātis）分成了专门的群体。就像英语里的“贝克”（Baker，意为“面包师”）、“史密斯”（Smith，意为“匠人”）和“波特”（Potter，意为“陶工”）等与职业有关的名字一样，印度姓氏通常是种姓的线索，例如“巴特”（Bhat）传统上指学者，而“亚达夫”（Yadav）传统上指放牛人。个人被迫根据自己所属的种姓来规范自己的行为，例如只能与同一种姓的成员分享食物。跨种姓的性关系和通婚是被禁止的。贱民一般生活在远离高贵种姓的地方。就连贱民的影子也被认为会污染他人。他们不能进入庙宇，也不能和其他种姓的人共用水井。

虽然强调仪式的纯洁性，但这种制度并非一成不变，随着时间的推移，种姓的等级可以通过放弃吃肉等习俗或采用更正统的宗教习俗来提升。11 世纪以来，伴随着穆斯林入侵而来的频繁战争，低种姓的人可以通过在当地军队中服役来提升自己的地位。最近，开放的生计选择、更大的流动性，以及人口从农村到城市地区的流动，意味着人们并不总是必须遵循他们的种姓职业。然而，今天，贱民的耻辱甚至延伸到海外的印度社区，导致人们呼吁在英国通过反种姓歧视的立法。

入侵者的时代

印度的黄金时代是短暂的。在旃陀罗·笈多二世的儿子和继任者鸠摩罗·笈多（Kumāra Gupta，415—455 年在位）统治期间，一个新的威胁出现了。像往常一样，入侵者来自西北的山口。匈那人与阿提拉的匈人部落有血缘上的联系。他们离开中亚大草原，一支前往伏尔加河，另一支前往阿姆河。前者于 375 年入侵东欧，将哥特人驱赶至多瑙河以南。定居在阿姆河上的分支被称为白匈奴人（即嚈哒人）。5 世纪初，他们占领了喀布尔，经过开伯尔隘口长驱直入。虽然鸠摩罗·笈多的儿子和继任者塞建陀·笈多（Skanda Gupta，455—467 年在位）在 455 年击退了第一拨攻击者，但 12 年后他的去世导致了中央政权的瓦解。笈多帝国分裂成许多更小的王国，一些统治者为了不让他们的人民遭受嚈哒人的蹂躏，转而效忠于侵略者。

印度历史学家很少谈论被嚈哒人残暴镇压的 75 年。侵略者不在乎种姓制度，根本就不区分婆罗门和贱民，还玷污圣所。其中最残忍的是号称"印度的阿提拉"的密希拉古拉（Mihirakula，亦译作"摩醯逻矩罗"），他以把大象从悬崖上滚下来为乐。嚈哒人特别不喜欢佛教。他们征服新的领土后，僧侣是第一批被屠杀的人，这对印度北部的宗教造成了致命的打击，从此它再也没有恢复过来。佛教文献断言，作为对密希拉古拉暴行的惩罚，他遭遇了可怕的死亡——在他"坠入无尽折磨的地狱"的那一刻，白天变成了黑夜，狂风大作，还发生了地震。

最终，印度中部一位名叫耶输达尔曼（Yaśodharman）的统治者建立了一个联盟，并在大约528年击败了密希拉古拉。嚈哒人的残余与当地居民融合，成为专操军职的拉其普特人（Rajputs）。

6世纪剩下的大部分历史都是空白，直到7世纪中期，统治者争权夺利的各种清晰图景才开始出现。中国的一位佛教朝圣者的作品再一次为那个时代提供了宝贵的概貌。从640年到644年，玄奘（602—664）走遍了印度北部，然后带着20匹满载佛教文物和佛经的马回到中国。当时，印度北方的大部分地区都处于戒日王（Harṣa，606—647年在位）的统治之下。戒日王于606年登基，年仅15岁。尽管他的军队规模相对较小，只有5 000头战象和2万名骑兵，但他很快就制伏了敌人，统治了从西部的旁遮普边境到东部的孟加拉的大片领土。和阿育王一样，他随后就宣布反对征服，此后30年的统治基本上是和平的。他对印度教信徒和佛教徒一视同仁，同样予以施舍，但是晚年更倾向于后者。在他的命令下，人们沿着恒河修建了数千座佛塔，大部分是用竹子和木头建造的，如今这些都不复存在了。玄奘提到，戒日王对炼金术颇感兴趣。在戒日王的宫廷里，玄奘遇到了一位名叫纳加尔朱纳（Nāgārjuna）的智者，此人非常擅长合成药物，他发明了一种药丸，据说这种药丸使他和他的同伴的寿命延长了数百年。当戒日王为纳加尔朱纳修建寺庙遇到经费短缺时，一个僧人“在一些大石头上洒了几滴神奇的药水，这些石头就都变成了金子”。

另一个记录戒日王统治的人是放荡不羁的婆罗门波那（Banā），他“年轻时不务正业，喜欢交际”。他创作的《戒日王传》(*Harṣacarita*)是第一本关于印度统治者的真实传记。在戒日王统治时期，每个教派的佛教徒和婆罗门“都努力地遵循各自的信条，沉思冥想，提出疑问并解决它们”。波那对戒日王的描述将歌功颂德的传记推向了一个新的高度，他写道：

> 他的眼睛没有被骄傲这种致命毒药玷污；他的声音并没有被自负这种毒药带来的痉挛作用窒息；他的姿态没有因自大引起的突然癫痫发作而失去自然的尊严；他的情感变化没有因无法控制的自我意志的狂热爆发而加剧；他的步态没有因得意扬扬而不自然地摆动；他的声音没有因傲慢而变得刺耳；他的嘴唇没有因傲慢而扭曲。

关于戒日王是如何死的，我们知之甚少，但是根据玄奘的记录，在他统治末期，不满的婆罗门策划了一次拙劣的暗杀行动。他的死标志着11世纪伊斯兰征服之前印度北部最后一个著名的印度教帝国的终结。在接下来的500年的大部分时间里，印度将退回到其古老历史的默认状态：各个权力中心争夺统治地位，无数的小王国根据能在哪里获得更好的交易而不断地切换效忠关系。

然而，在这些混乱的分裂状态中还是有一定的模式的。印度在一定程度上可以划分为四个主要的地理和政治区域：北部，从印度河平原延伸到恒河平原；东部，包括孟加拉和阿萨姆；中部，包括农业资源丰富和地质年代古老的中央高原，即德干高原；还有就是南部的半岛。其中某个地区的主导力量从来没有能强大到足以在短时间内控制其他三个地区。但是，区域内冲突往往很严重，特别是在北部和中部。

南方的帝国

南印度呈现出一幅更有凝聚力的画面。尽管印度教起源于被雅利安化的北部，但从7世纪开始，它的发展大部分发生在南部半岛。最丰富的宗教文学作品是用各种达罗毗荼语系写成的，主要是泰米尔语（Tamil）。一些最宏伟的寺庙建筑以及青铜制品和石雕都是在这一时期出现的。

南方最重要的王国是潘地亚（Pāṇḍyas）、哲罗（Ceras）、帕拉瓦和朱罗（Cholas）。潘地亚王国在公元前4世纪的希腊著作中首次被提及，它的首都位于马杜赖（Madurai）。哲罗王国可追溯到公元1世纪，统治着现在喀拉拉邦的大部分地区。第一个覆盖了印度半岛大部分地区并影响到印度和东南亚其他地区的帝国是帕拉瓦王国。帕拉瓦王国约建立于公元300年，首都建志，即现在的甘吉布勒姆，鼎盛时期的帕拉瓦王国从今天的安得拉邦北部一直延伸到南部的高韦里河。来自建志的商人和殖民者把印度教传播到了东南亚。这一点的证据来自柬埔寨最早的高棉统治者，他们的名字几乎都以“-varman”结尾，和帕拉瓦人一样。柬埔寨人和高棉人的名字可以追溯到一个共同的祖先，即坎布（Kambu），《往世书》中提到过他。

帕拉瓦王国是一个重要的贸易帝国，将印度货物运往波斯、罗马、苏门答腊和马来亚的港口。帕拉瓦人宽容所有的信仰，一位本来信仰耆那教的国王改信了印度教。音乐、绘画和文学都受到赞助。雕塑家和画家在阿旃陀石窟（Ajanta caves）等地工作后，向南迁移，以满足那些泰米尔王国对印度教艺术和建筑日益增长的需求。在港口城市马哈帕利普拉姆（Mahabalipuram），帕拉瓦王国的创立者僧诃毗湿奴（Simhavishnu）国王托人制作了巨大的《恒河降凡》（*Descent of Ganga*）浮雕，描绘了印度最神圣的河流从喜马拉雅山脉流向大海的景象，而他的一位继任者主持建造了建志的凯拉萨纳塔（Kailasānāthar，意为“吉罗娑之主”）神庙，这是印度最古老的湿婆神庙之一。

到了 9 世纪，权力的天平开始向朱罗王国倾斜。它最早出现在阿育王铭文中，它的祖先很可能从史前时代起就居住在高韦里河三角洲地区。在帕拉瓦王国统治期间，它沦为附属国。当帕拉瓦王国一心与它的宿敌、位于巴达米（Bādāmi）的印度教王国遮娄其（Cālukyas）王国算账时，朱罗王国开始争夺权力，介入了帕拉瓦人的继承危机，控制了建志和马哈帕利普拉姆。

朱罗王国最著名的统治者是罗阇罗阇（Rājarāja，意为“王中之王”，985—1014 年在位），他是一位管理天才，为早期南印度最稳定、管理最好、寿命最长的政权奠定了基础。

罗阇罗阇被认为是一位可以与阿育王相提并论的杰出的帝国建设者，他资助艺术，接受其他宗教，并下令建造了一些印度最宏伟的纪念碑，尤其是位于坦贾武尔（Thanjavur）的罗阇罗阇希瓦拉（Rājarājeshvara）神庙，这座神圣的建筑将其置于印度教宇宙的中心。它的高度为 60 米，高高耸立在泰米尔纳德邦的平原之上，比南部任何其他建筑都高大三四倍，在 1010 年被敬献给湿婆神。它的顶石重达 80 吨，可能是利用斜坡安装的。这座神庙是为了纪念罗阇罗阇战胜遮娄其人而建造的，湿婆神巨大的林伽（liṅgam，即男根）是崇拜的对象。罗阇罗阇为这座神庙捐赠了 230 千克黄金和更多的白银，其中大部分是战利品，而周围地区的村民被征税以支付神庙的维护费用。富有的朝圣者充实了它的

位于坦贾武尔的罗阇罗阇希瓦拉神庙（也被称为布里哈迪斯瓦拉神庙）被联合国教科文组织列入世界遗产名录，是南印度最大的神庙之一。其独特的陡峭的金字塔式寺庙塔反映了南印度的主要建筑风格。

金库，这座神庙像银行一样运作，在周围的村民中进行投资和发放贷款。这些捐赠还支付了400名舞女和数百名服务人员、工匠、裁缝和管理人员的费用。

神庙的壁画上有一幅罗阇罗阇向湿婆神献花的画像，这是印度艺术中最早的可识别的国王肖像。对罗阇罗阇的崇敬，以及他作为一个施惠领袖的名声，与今天在南印度盛行的对领袖的崇拜不无相似之处。苏尼尔·基尔纳尼将罗阇罗阇与泰米尔纳德邦前首席部长贾亚拉利塔（Jayalalitha）进行了比较，后者成功地树立了宽宏慷慨的形象，向她的追随者分发礼物，如电视、摩托车和女孩的学费。2014年她因腐败入狱时，据信有超过150人死于惊吓或自杀。

在征服了遮娄其王国、潘地亚王国和哲罗王国之后，罗阇罗阇征服了斯里兰卡的大部分地区，并于993年洗劫了其首都阿努拉达普拉（Anuradhapura）。随后，他占领了马尔代夫，这里控制着许多与阿拉伯世界的贸易路线。1014年，罗阇罗阇去世，他的儿子拉真陀罗一世（Rājendra I，1014—1044年在位）将朱罗王国的疆域继续向北扩张。他的将军们主要沿着海岸前进，大象在河流中排成一排，形成桥梁，供步兵通过。在制伏了信奉佛教的孟加拉地区的帕拉（Pālas）王国之后，拉真陀罗一世的军队于1023年到达恒河岸边。装满圣水的大坛子被运到他在南方的新首都冈戈昆达布勒姆（Gaṅgaikoṇḍacoḷapuram，意为“征服恒河的朱罗王国之都”），倒进一个巨大的仪式用水池中。拉真陀罗一世为纪念他的胜利而建造的神庙仍然矗立在那里，但他建立的这座城市不复存在了。

在征服了南印度的所有王国之后，拉真陀罗一世消灭了斯里兰卡马欣达五世（Mahinda V，982—1029）的佛教王国的最后残余势力，并将波隆纳鲁瓦（Polonnaruwa）定为该岛的新首都。之后，他成了唯一的组建海军的印度统治者。在与东南亚各国建立了1 000年的友好关系，见证了贸易的繁荣和印度文化影响力的传播之后，如一位历史学家所说，拉真陀罗一世决定“为他的王冠增光添彩”，他征服了缅甸、马来亚和苏门答腊的部分地区。1025年，朱罗王国的军队入侵了苏门答腊岛上控制着马六甲海峡的室利佛逝（Srivijaya）王国。这是一次雄心勃勃的突袭。一位同时代的阿拉伯地理学家说，即使是最快的船也要花两年多的时间才能游遍这个王国控制的所有岛屿，他还称其统治者为世界上最富有的人。

朱罗王国最终占领了14个港口，但突袭的效果是短暂的。关于是什么导致了这种不寻常的征服模式，有很多说法。镇压该地区猖獗的海盗活动、打破中国对利润丰厚的贸易路线的控制，或者是老式的掠夺诱惑，这些都被提出作为解释朱罗王国东进的理论。

如果以其帝国的寿命——大约三个世纪——以及建筑、文学和艺术的精致程度，还有宗教的重要性和管理的复杂程度来衡量，朱罗王国可以说代表了南印度的黄金时代。泰米尔纳德邦和喀拉拉邦的稻田里，仍矗立着数百座朱罗王国遗留下来的宏伟的金字塔式神庙。它们不仅仅是做礼拜的场所，还具有类似于朝廷的功能，通常被设计成宫殿的样子，高墙大院，院子里可以举行宗教仪式。正如温迪·多尼格所说："神庙是处于上升阶段的王朝的工程的核心，每一个从事征服的君主都觉得自己有责任建造一座神庙来宣扬自己的成就。"私人崇拜变成了公共崇拜，神庙日益成为朝圣和宗教活动的中心，而且成为集会场所和出售宗教用品的市场。

早在穆斯林入侵者将朱罗王国的财富掠夺到位于阿富汗的据点之前，这笔巨大的财富就使朱罗王国成为北方印度教军队攻击的主要目标。据说，这些宝库中数量最大的一批宝物可能被埋在特里凡得琅（Trivandrum）斯里帕德马纳巴史瓦米神庙（Sri Padmanabhaswamy Temple）下面的几个地窖中。特里凡得琅是特拉凡科（Travancore）王室的旧居，现在是南部喀拉拉邦的首府。根据保守估计，金库里的黄金、白银、珠宝饰品和硬币的价值超过 7 000 亿美元——这一宝藏自公元 800 年以来就一直在积累。多年以来，围绕谁是这座神庙的合法管理者——是特拉凡科王室的后人还是印度政府，产生了许多法律上的争论，因此一些密室仍然处于密封状态。还有传闻称有两条巨大的眼镜蛇把守着最里面的密室。

朱罗王国还因其青铜雕塑精美而闻名，艺术史学家 J. C. 哈尔（J. C. Harle）将其描述为"精美绝伦，任何地方或任何时代都无法超越"。辨识度最高的是湿婆神作为舞蹈之王的青铜雕像，他还是世界的创造者和毁灭者。他单膝弯曲，右上手拿着沙漏形的小鼓，伴着鼓点的节奏在火圈中舞蹈。

舞王湿婆

法国艺术史学家勒内·格鲁塞写道："舞蹈之王手舞足蹈，动感十足。他面带微笑，笑对生死，笑对悲欢；或者换句话说，他的微笑既象征着死亡也象征着生命，既象征着欢乐也象征着痛苦。"

在另一种意义上，湿婆神跳舞的身影也可以被视为一场即将困扰印度的动乱的寓言，就连最南方的人们也能感受到动乱的发生。就像约翰·凯伊所说的那样：

> 历史学家如果需要寻找古印度政治理论中弱肉强食的丛林法则（mātsyanyāya）和《往世书》中可怕的混乱状态的经典案例，只要看看11世纪和12世纪的印度就可以了。达摩的宇宙秩序似乎完全被打乱了，坛城的几何结构也被彻底颠覆了。小封国蚕食大封国，王国吞噬王国，王朝消灭王朝，所有这些都是贪婪的放纵，可悲地忽视了潜伏在旁遮普的巨鲨一样的势力。

这种存在将永远改变印度的面貌，甚至连地理环境也无法拯救南方的王国。

第四章

伊斯兰教的到来

这在当时看来一定是个好主意。在 1839 年开始的灾难性的第一次英阿战争（First Anglo-Afghan War）之后，东印度公司决定在印度建立一个更加坚实的基地。1842 年，一支英军成功地夺回了伽色尼城堡，在那里他们发现了两扇巨大的城门，这两扇门据说是用檀香木雕刻而成的，是 11 世纪早期从古吉拉特邦的索姆纳特（Somnath）神庙掠来的。东印度公司的总督艾伦巴勒勋爵（Lord Ellenborough，1790—1871）觉得这是一个机会，可以把英国人塑造成穆斯林对印度造成的历史伤害的纠正者，于是他发布公告说，这两扇城门将被归还。他说："800 年的屈辱总算可以昭雪了，长久以来，索姆纳特神庙的大门一直是你们耻辱的标志，从今以后，它们将成为你们民族荣耀最骄傲的标志。"遗憾的是，这些门不是来自索姆纳特神庙，用的也不是檀香木，而是雪松，出自当地工匠之手。在早期的伊斯兰教史书中，也没有任何关于城门被掠夺的记载。

一个半世纪后，当印度人民党（Bharatiya Janata Party）领袖

L. K. 阿德瓦尼（L. K. Advani，1927 年生）在索姆纳特神庙开始了他所谓的“战车游行”（Rath Yatra）时，这里再次成为人们关注的焦点。1990 年 9 月 25 日，他乘坐一辆被装饰成罗摩战车的卡车，穿越整个印度西北部，一直到达北方邦的阿约提亚。这场游行的目的是在莫卧儿王朝皇帝巴布尔（Babur）所建的清真寺的原址上建立一座罗摩神庙。阿德瓦尼将在有生之年看到这座清真寺在 1992 年被狂热的印度教志愿者（kar sevaks）拆除，但在印度最高法院于 2019 年底裁定可以在那里建造一座神庙时，他已经退出政坛。

索姆纳特神庙的象征意义如此强大，竟然能够把一个贪婪的跨国贸易公司和一个公开宣扬民族主义的印度教政党联合起来，这与伽色尼的马哈茂德（Mahmud of Ghazni，971—1030）这个有争议的人物有关。马哈茂德是 11 世纪的突厥统治者，他对印度发动了十多次袭击。他被印度教民族主义者和一些印度历史学家描绘成魔鬼的化身，在对伊斯兰教进入南亚次大陆以及此后发生的事件的历史叙述中，他显得尤其重要。

索姆纳特神庙位于阿拉伯海的海岸，是湿婆神的圣地。它坐落在一个堡垒里，三面环水，只有婆罗门和虔诚的印度教信徒保卫着，在 1026 年轻易地落入马哈茂德军队的手中。屠杀的规模如此之大，甚至连穆斯林史学家在描述时都会感到不安。据说马哈茂德在掠夺完神庙的金子后，亲自摧毁了巨大的林伽，这个林伽代表着湿婆神的生殖器，据说是“全印度最伟大的偶像”。据说，林伽的碎片被带回伽色尼，并被砌入清真寺的台阶，在那里，它们每天都会被穆斯林的脚玷污。

历史学家现在开始怀疑，如果不是艾伦巴勒勋爵不明智的“公告”，马哈茂德是否会拥有他现在所拥有的历史地位。在26年的时间里，马哈茂德对印度发动了17次袭击，他的目标是掠夺，而不是要控制领土。正如印度历史学家罗米拉·塔帕尔（Romila Thapar）所指出的那样，除了耆那教的一个文本中有过提及外，同时代的其他资料中没有提及那些突袭。两个世纪后，一位阿拉伯商人要求在镇上建一座清真寺，受到了当地政府和索姆纳特神庙祭司们的热烈欢迎。一份梵文铭文用印度教术语将这座清真寺描述为“人们为获得功德而进行礼拜的地方”，并用同样的措辞来指代湿婆神和安拉。

马哈茂德的入侵确实提出了更深层次的问题：为什么印度从11世纪开始就没有准备好迎接伊斯兰教的挑战？它的财富建立在富裕的农业社会基础之上，本应为其统治者提供充足的资源，以在军事上保卫自己的领土。虽然从亚历山大时代起，在长达数个世纪的时间里，印度不断受到经过开伯尔隘口而来的入侵，但他们从来没有在边境沿线建设防御工事。

那么到底哪里出了问题？可能的原因有很多：贪婪的统治者向农民征税，将资源转移给世俗和宗教受益者；当地的酋长们忙于内部纷争，把他们的穆斯林敌人视为劫掠者而不是潜在的征服者，从而产生了一种虚假的安全感；支离破碎的政治格局——几十个地方性王国更感兴趣的是发动自我毁灭的战争，而不是培养一个国家意识。

英国历史学家阿诺德·汤因比（Arnold Toynbee）在其皇皇巨著《历史研究》中将种姓制度及其对社会统一的破坏加入其中。汤因比写到，由于印度教的认可，种姓制度“必然会发展到可怕的程度”。自我麻痹的印度教文明“已经无法代表整个社会，然而，它坚持把自己的意志强加给社会”。这是古印度历史上“最致命的事件”。

J.L. 古普塔（J.L. Gupta）等印度历史学家将当时的印度教人口描述为一个分裂的家庭：“他们的社会视野和国家视野变得如此狭隘，以致他们不认为自己有责任保卫自己的家园。”印度的内部弱点“削弱了它的活力”：“它巨大的财富、脆弱的政治结构和‘僵化的社会’就像在向穆斯林入侵者发出公开的邀请，让他们去掠夺它防守薄弱的财富。”

虽然印度社会的分裂是原因之一，但穆斯林侵略者有一定的军事优势，他们利用了骑在中亚骏马上的骑兵，采用了强调敏捷胜于数量的优越军事战术。他们的军队也往往由职业军人作为核心，他们习惯于一起战斗，而印度军队往往由各个领主领导的独立部队组成，他们只在需要的时候才聚集在一起。

征服之前的商业

印度与阿拉伯世界的接触比伊斯兰教的兴起早了好几个世纪。印度商人雇用阿拉伯水手。阿拉伯驼队沿着地中海和南亚次大陆之间的“丝绸之路”运送商品。阿拉伯贸易社区已经在印度西海岸建立起来，印度商品如棉花和丝绸、象牙和宝石、香料和糖都可以在巴格达和开罗的市场上找到。这些联系也使印度的文化、科学和哲学得以向西传播。《一千零一夜》故事套故事的技巧可以追溯到印度吠陀时代文献《五卷书》（*Pañcatantra*）中互相关联的动物寓言和佛教《本生经》中的故事。

先知穆罕默德于 623 年去世，他的去世引发了一场史无前例的征服运动。在不到 20 年的时间里，穆斯林军队已经征服了占据叙利亚和埃及的拜占庭帝国的大部分地区，以及占据伊拉克和伊朗的萨珊帝国。在占领阿富汗大部分地区后，他们于 712 年到达信德，但没有进一步向前推进。在接下来的三个世纪里，印度和它的伊斯兰邻国之间的边界从印度河延伸到喀布尔。直到 10 世纪后期，穆斯林军队才威胁到印度。入侵者不是来自信德现有的伊斯兰前哨，而是来自中亚。大约在 986 年，一个名叫苏布克特勤（Sabuktigin）、曾经是奴隶的突厥将军离开了他在传奇城市布哈拉（Bukhara）的据点，先是征服了喀布尔，接着进军旁遮普。沙希亚王朝（Shahi）的国王阇耶波罗（Jayapāla）进行了顽强的抵抗，但当一场巨大的风暴袭击战场时，他将其视为一个预兆，向对手求和。苏布克特勤现在控制了具有战略意义的开伯尔隘口，这是未来发动突袭的宝贵跳板。但他并没有继续向东推进，而是回到了布哈拉，在那里他获得了在巴格达的哈里发的认可，将未来的征服留给了他的儿子马哈茂德。

按照马哈茂德自己的说法，他“外表有缺陷”。“国王应该让看到他的人眼前一亮，但大自然对我是如此无情，我的面貌似乎是不幸的写照。”他说。尽管最为人牢记的是他亵渎印度教寺庙之事，但他在1004年的第一次行动是针对巴基斯坦木尔坦的伊斯玛仪派。伊斯玛仪派属于伊斯兰教的什叶派，被逊尼派穆斯林视为异教徒。木尔坦是位于印度河平原的战略要地，处于波斯湾和印度西部之间重要贸易路线的十字路口。1007年，马哈茂德第二次洗劫了这座城市。第二年，他攻占并摧毁了坎格拉（Kangra）的城堡和寺庙，带回了180千克黄金和2吨白银，以及相当于7 000万迪拉姆的硬币。1018年，类似的命运也降临在马图拉的神庙身上，它是克利须那神追随者的崇拜中心。第二年，马哈茂德突袭了曲女城（Kanauj），在一天之内占领了这座城市的全部7座堡垒。

虽然马哈茂德残酷无情，但人们还是有可能从他的遗产中找到一些积极的东西。他用征服的战利品在伽色尼建造了当时最好的清真寺之一，并建立了一座巨大的图书馆。他资助了诗人菲尔多西（Firdausi），后者创作了《列王纪》（*Shahnama*），这是一部关于信仰伊斯兰教之前的波斯统治者的史诗。马哈茂德还派遣学者阿尔比鲁尼（Alberuni，也被称为al-Biruni）到印度待了10年，在那里学习梵文并翻译印度教文本。阿尔比鲁尼的《印度志》（*Kitab al Hind*）主要取材于梵文资料，可以说是对莫卧儿王朝时期之前印度国家、人民、哲学和宗教的最好描述。

1030年，马哈茂德的死引发了一场权力斗争，因为他有两个同父异母、同一天出生的儿子，这场斗争变得更加激烈。他的最终继任者马苏德（Ma' sud）在一次宫廷政变中被杀，伽色尼王朝（Ghaznavid dynasty）开始衰落。1173年，伽色尼落入古尔王

2 000 多年来，印度大象一直被用作南亚次大陆的主要战斗工具，统治者对它们的重视远远超过马匹。

朝（Ghurids）之手，接着古尔王朝将目光投向伽色尼王朝的首都拉合尔，并于 1186 年占领了拉合尔。

与马哈茂德不同的是，古尔王朝的领袖穆罕默德·古尔里（Muhammad Ghuri）想要向东扩张自己的领土。1191 年，他的军队在德里北部的塔拉因（Tarain）与拉其普特王公普里色毗罗阇三世（Prithviraj III）交战，古尔里轻松取胜的梦想破灭了。古尔里的军队在混乱中撤退，他的上臂被长矛击中，在一名士兵的掩护下，他仓皇逃离战场。拉其普特的历史学家仍然津津乐道于这场获胜的战役。为了报复这种羞辱，古尔里惩罚了逃跑的士兵，让他们当众像马一样戴着饲料袋吃谷糠。

古尔里不愿意这么轻易放弃。在重新集结军队后，他再次发动东征。虽然率领着拉其普特人有史以来最强大的军事力量，包括数百头战象，普里色毗罗阇三世依然不是入侵者的对手。有一种说法是，古尔里欺骗了拉其普特人，让他们相信他已经同意停战。在一种虚假的安全感的引诱下，他们彻夜狂欢。由于喝了酒，吸了鸦片，他们被古尔里的轻装骑兵轻松打败，普里色毗罗阇三世被追上并被杀死。

1192 年的塔拉因战役被称为“印度历史上最具决定性的战役”。“德里之门的钥匙”和整个印度现在掌握在古尔里和他获胜的士兵手中。伊斯兰教已经真正地到达了南亚。

德里苏丹国

古尔里没能活着看到他的帝国梦想实现。1206 年，他被敌对的伊斯兰教派的一名成员暗杀，他信任的副手顾特卜－乌德－丁·艾伯克（Qutb-ud-din Aybak）建立了马穆鲁克（Mamluk）王朝，该王朝是组成德里苏丹国的五个连续王朝中的第一个。后面的几个王朝分别是卡尔吉（Khalji）王朝、图格鲁克（Tughluq）王朝、赛义德（Sayyid）王朝和洛迪（Lodi）王朝。洛迪王朝的统治一直持续到 1526 年，当时的苏丹易卜拉欣（Ibrahim）在与莫卧儿王朝第一位君主巴布尔（Babur）的战斗中被杀。每一个王朝都在德里留下了自己的印记，建造了新的城市、清真寺和陵墓，直到今天，它们依然点缀着印度的首都。

德里苏丹国的王朝

马穆鲁克王朝 / 奴隶王朝（1206—1290）

卡尔吉王朝（1290—1320）

图格鲁克王朝（1320—1414）

赛义德王朝（1414—1451）

洛迪王朝（1451—1526）

德里苏丹国的历史上有三个反复出现的主题：几乎不可避免的伴随着王位继承的流血冲突；印度当地统治者的持续抵抗；来自西方的无处不在的军事威胁。德里苏丹国的首都德里是一个从公元前 6 世纪就有人居住的城市，被认为具有战略和象征意义。在苏丹统治下，它成为波斯文化的中心。这里实行的是波斯人的制度和做法，如领薪的官僚机构和军事奴隶制。传统上有一种精神上强大的圣人，或称苏非，他们信奉一种更神秘的伊斯兰教，这使印度的伊斯兰教具有明显的温和性。

马穆鲁克王朝又被称为奴隶王朝，因为它的许多统治者曾是突厥人的俘虏。这里“奴隶”一词的使用很宽泛。在被购买并皈依伊斯兰教（如果他们还不是穆斯林的话）后，他们被训练成为

“马厩看守”和“猎豹饲养员”等。一些人晋升到高级军事和行政职位。他们对主人的忠诚超过了对自己亲人和族群的忠诚。这种忠诚十分强烈，他们与不时威胁印度的蒙古掠夺者作战时，从不退缩。

顾特卜－乌德－丁·艾伯克死于1210年的一次马球事故。其继任者伊勒图特米什（Iltutmish）统治了26年，这让他有足够的时间巩固自己的权力。他还向逃离蒙古入侵的波斯的难民敞开了王国的大门。涌入的人数如此之多，以至于他把顾特卜清真寺的面积扩大了3倍，并在宣礼塔上又加了3层。这些难民中包括波斯的学者、艺术家和工匠中的精英，他们填充了官僚机构和司法部门。波斯语成为政府和外交用语。与此同时，蒙古在西部的扩张将德里苏丹国与美索不达米亚和北非的伊斯兰国家隔离开来，确保了它的独立。

就在这一时期，印度伊斯兰王朝的第一位女苏丹拉济娅（Raziyya al-Din，1205—1240）掌权，让这个由国王、王公和苏丹组成的专属男性的故事发生了意想不到的转折。伊勒图特米什临终前宣布他的儿子们没有领导能力，让他31岁的女儿拉济娅成为他的继承人。她从小就受到父亲的宠爱，终日跟随在父亲身边，习文学武，还学到了很多治国的本领。1983年，宝莱坞将拉济娅的故事改编成了有争议的电影《拉济娅苏丹》（*Razia Sultan*），由资深女演员希玛·玛丽妮（Hema Malini，1948年生）主演。在印度电影中连接吻都是禁忌的时代，这部电影却虚构了拉济娅与帕尔汶·巴比（Parveen Babi）扮演的宫女卡昆（Khakun）之间的同

顾特卜－乌德－丁·艾伯克统治时期最持久的遗迹是耸立在新德里东部平原上的顾特卜塔，尖塔是用印度教和耆那教寺庙的柱子、柱头和门楣建造的。德里的苏丹们利用印度教的寺庙建造技术和印度教工匠来建造清真寺。

性恋关系。在这部影片最著名的场景中，卡昆用羽毛遮住脸部，要么在亲吻拉济娅，要么在对她耳语（要想通过审查，必须这样隐晦处理），而此时恰逢女苏丹拒绝了一位男性追求者的求爱。虽然希玛·玛丽妮必须学习乌尔都语，穿过炎热的沙漠，骑着大象，穿着超大号的服装参加剑战，但评论者一致认为这是她最好的表演之一。

在电影中，拉济娅脱下了“皇袍”，她认为这是“裹尸布”，是寻找真爱的障碍。在现实生活中，她不戴面纱公开露面是为了

拉济娅很受大众欢迎，她戴着帽子，穿着外套，没有佩戴面纱，这样她就能“在人群中露面”。

更接近民众。最初，这一做法让她赢得了臣民的好感，但也冒犯了德里的神职人员。据说她与一个负责管理王室马匹的阿比西尼亚（Abyssinian）奴隶产生了私情，这惹怒了各省的总督，事情变得更糟了。她在镇压拉合尔的一场叛乱时，被突厥奴隶阿尔图尼亚（Altunia）关押。为了扭转反被动局面，她嫁给了阿尔图尼亚，两人率领一支由当地部族组成的军队进军德里，以夺回她的王位。

拉济娅和阿尔图尼亚在1240年一同被杀，因为他们的士兵抛弃了他们。虽然她的统治时间很短，但意义重大。执政之后，她以自己的名义发行了硬币，宣称自己是“女性的支柱”和“时代的女王”，并建立了学校和图书馆。正如学者 S. A. A. 里兹维（S. A. A. Rizvi）所说：“拉济娅善于应对阴谋，展示了对军事战术的非凡洞察力，机智地执行她的独立决策，并通过外交手段与顽固的土地所有者达成和解。她的主要优点是超越了她那个时代的偏见。”

经过一番王位争夺，最终成为拉济娅继承人的是吉亚斯丁·巴勒班（Ghiyath al-Din Balban，1266—1287 年在位），他本来是伊勒图特米什买来的奴隶，后来步步高升，成为一个深受信任的、被称为“四十人团”的突厥军人集团的成员。为了弥补他卑微的出身，他建立了一个以富丽堂皇而闻名的宫廷。印度历史学家贾斯万特·拉尔·梅塔（Jaswant Lal Mehta）写道，他坚持让觐见者跪倒在地亲吻他的脚，“这让贵族和来访者完全感到谦卑、惊恐万状”。根据宫廷史家巴拉尼（Barani）的说法，就连他的仆人也没见过他穿王室服装以外的衣服。据说他从来不苟言笑，也不允许任何朝臣在他面前微笑。

虽然巴勒班有着暴君的名声，但在动荡时期，他的统治是一片稳定的绿洲。他仁慈的统治创造了如此和平和满足的气氛，据说湿婆神可以“在他的牛奶海中安睡”。他把政治稳定置于宗教之上，这反映在他对非穆斯林的宽容态度上。这激起了像巴拉尼这样的穆斯林贵族的愤怒，他们对印度教信徒被允许不信真主和进行偶像崇拜感到震惊。提到巴勒班，巴拉尼写道：“穆斯林国王不仅允许而且乐于看到异教徒、多神信徒、偶像崇拜者和牛粪崇拜者把房子建得像宫殿一样，穿锦缎衣服，骑用金银饰物装饰的马。”

1287年巴勒班死后，他17岁的儿子试图与其他的宫廷势力进行谈判，但未能成功，军队指挥官贾拉尔－乌德－丁·卡尔吉（Jalal-ud-Din Khalji，约1220—约1296）发动政变夺取政权，建立卡尔吉王朝。来自阿富汗的卡尔吉家族曾在古尔王朝的军队中服役。在12世纪蒙古人入侵阿富汗后，他们以士兵和定居者的身份集体迁移到印度北部，逐渐升迁至行政和军事职位。卡尔吉王朝最伟大的统治者阿拉－乌德－丁·卡尔吉（Ala-ud-Din Khalji，1296—1316年在位）将苏丹国的疆域扩大到了温迪亚山脉以南。在他的非洲奴隶出身的太监马利克·卡富尔（Malik Kafur）的指挥下，阿拉－乌德－丁·卡尔吉的军队对德干高原发动了多次袭击，洗劫那里的城市，为防御工事提供资金，以保护领土免受蒙古的入侵。穆斯林入侵者第一次到达印度南部腹地，洗劫了马杜赖、斯里兰甘（Srirangam）和奇丹巴拉姆（Chidambaram）的神庙，带回了数百吨的金银珠宝。索姆纳特神庙被洗劫一空，那里的林伽再一次被砸得粉碎，其碎片被砌入德里一座清真寺的台阶。每次突袭之后，战败的印度教国王都会被恢复王位，只要他们公开承认德里苏丹的统治权，并每年向他进献大量的贡品。

阿拉－乌德－丁·卡尔吉的改革缓和了他的宗教狂热。他向平民，包括没有特权的穆斯林移民、皈依伊斯兰教的印度人，甚至是印度教信徒开放公职。酒的销售被禁止。严厉的处罚有效遏制了贿赂和腐败。他还推行了土地改革，限制印度教中间人收税的权力，没收朝臣和贵族的所有土地财产，剥夺他们可以用来发动叛乱的财富。政府制定价格，要价高于固定价格的店主会被公开鞭打。其结果是，对消费者来说，粮食价格马上下降了，甚至在干旱之年也能保持低价。

巴拉尼这样评论阿拉－乌德－丁·卡尔吉的统治："一头骆驼的价格只有 1 法新（farthing），一个女奴的价格固定在 5 到 12 个坦卡银币（tankas），一个小妾的价格在 20 到 40 个坦卡。一个年轻英俊的小伙子可以卖到 20 到 30 个坦卡，而奴隶劳工的价格则在每个 10 到 15 个坦卡。由于消费品和奴仆如此廉价，一个中等收入的男人就可以享受幸福舒适的生活，他可以有 1 到 4 个合法的妻子、几个小妾、十几个女奴和奴工，这些人对他俯首听命。"

德里苏丹国的鼎盛时期

伊本·白图泰（Ibn Battuta，1304—1369）被称为有史以来最伟大的阿拉伯探险家、摩洛哥的马可·波罗（两人几乎同时代）。1325 年，这位出生在丹吉尔（Tangier）的法学家开始了前往麦加的朝圣之旅。他没有回家，而是在接下来的 30 年里走遍了大部分已知的世界，从北非到中国东部。其中 10 年是在印度度过的，且大部分是在穆罕默德·本·图格鲁克（Muhammad bin Tughluq，1290—1351）的宫廷里度过的。本·图格鲁克被称为"印度有史以来最具争议的统治者”，他的绰号包括“血腥的穆罕默德”、“德里的尼禄”和“印度的伊凡雷帝”。白图泰为他服务了 8 年，先是担任法官，后来担任大使，他留下了对这个人以及此人身上的矛盾之处的详细描述。本・图格鲁克比白图泰认识的其他任何一个人都更喜欢“赏赐和屠杀，他的门口总有穷人发财，总有活人被处死……尽管如此，他依然是所有人中最谦卑、最愿意表现出公正和承认权利的人”。

白图泰于 1334 年抵达德里，当时苏丹国正处于 1316 年阿拉 – 乌德 – 丁・卡尔吉去世后的血腥继承危机中。这一时期最臭名昭著的统治者是残暴的异装癖者顾特卜丁・穆巴拉克（Qutb al-Din Mubarak），他被自己的娈童奴隶库思老・汗（Khusrau Khan）暗杀。库思老・汗在位仅 4 个月，却足以屠杀阿拉 – 乌德 – 丁・卡尔吉的所有儿子，并疏远贵族，贵族转而效忠于年过六旬的军队指挥官吉亚斯 – 乌德 – 丁（Ghiyath-ud-Din）。他的统治也很短暂。1325 年，本・图格鲁克在亚穆纳河河畔的阿富汗布尔（Afghanpur）建造了一座脆弱的木质接待亭，巧妙地除掉了他的父亲。根据官方版本，父子俩正在吃饭时，一道闪电击中了亭子，亭子的顶部坍塌下来，压死了吉亚斯 – 乌德 – 丁。白图泰坚持认为，这座亭子是故意这样建造的，很容易倒塌。当所有人都去祈祷时，本・图格鲁克命令大象踩踏地面，制造了一场小型地震，导致了亭子的倒塌。

虽然暴力对德里的苏丹们来说并不陌生，但本・图格鲁克将复仇的概念发挥到了极致。他下令将他的一个敌人活活剥了皮，并将其皮填充满然后陈列出来，还下令把此人的肉剁碎，和米饭一起煮，然后端给这个敌人的家人吃。他的政府同样备受争议。为了供养庞大的军队，他向农民征收了大量的额外税，许多人被迫离开土地，导致了一场毁灭性的饥荒。也许他最引人注目的失败是试图复制中国的纸币系统，推出铜币，这些货币被任意赋予比其金属含量更高的价值。事实证明，这些硬币太容易伪造了，苏丹不得不让这些硬币退出流通，并大量回购真币和假币，“在图格鲁克巴德（Tughluqabad），这些铜币堆积如山”。

然而，在对待非穆斯林的问题上，实用主义战胜了宗教狂热。政府拨款修缮印度教庙宇，任何人只要缴纳吉兹亚（jizya，一种向非穆斯林征收的人头税），就可以建造属于自己的礼拜场所。吉兹亚对国家收入的重要性抵消了让更多人皈依伊斯兰教的需要，因为穆斯林人数越少，征收的税就越多。

在本·图格鲁克统治时期，德里苏丹国的疆域达到了最大，涵盖了印度西部和东部的大部分地区，并深入德干高原。他将首都向南迁移到 1 400 千米外的道拉塔巴德（Daulatabad）。权力中心的转移引发了另一场争议。根据白图泰的说法，苏丹想要惩罚德里人，因为他们习惯于给他写匿名辱骂信。更深层次的潜在动机可能是他怀疑神职人员正在策划一场叛乱。在炎热的夏天，他将朝廷和官僚机构搬迁到道拉塔巴德（迁都时被改为此名，意为“政府之城”。它的原名为德瓦吉里）。从原来的首都出发，经过了 40 天的艰苦旅行，德里的贵族、伊斯兰教神职人员和商人都怨声载道。尽管白图泰提到沿途种了很多树，走在路上就像“穿过一个花园”，但土匪和武装部落的存在让这段旅程变得很危险。

1351 年，本·图格鲁克在信德的沙漠中追捕叛军时自然死亡，对一位印度统治者来说，这种寿终正寝是很罕见的。他的堂弟菲鲁兹·沙·图格鲁克（Firuz Shah Tughluq，1309—1388）继承了他的王位，但此时的帝国已经摇摇欲坠。曾经在苏丹统治下的孟加拉的大片地区开始反抗，脱离德里独立，但保留了穆斯林的身份。作为一个差劲的军事战略家，菲鲁兹·沙·图格鲁克对建立帝国毫无兴趣。更多的叛乱发生了，他眼睁睁地看着古吉拉特滑向半自治状态，德干高原大部分地区在巴曼尼（Bahmani）王朝的统治下获得完全独立。由于母亲是印度教信徒，他深感自卑，因此对自己作为伊斯兰国家的君主和信徒领袖的角色十分上心。普里（Puri）的伟大的贾格纳（Jagannath）神庙被亵渎，婆罗门不再免缴吉兹亚。菲鲁兹沿袭了一个久已确立的先例，在图格鲁克巴德的北部建立了一座城市，将其命名为菲鲁扎巴德（Firuzabad），以歌颂他的统治。

1388 年，菲鲁兹·沙·图格鲁克的死引发了另一场继承危机，使虚弱的苏丹国更容易受到外界的攻击。当中亚枭雄帖木儿在 1398 年入侵印度时，苏丹国只能召集到 1 万人的军队，无法保卫首都。帖木儿命令他的军队不要伤害德里的百姓，但这种情况并没有持续多久。一些入侵者在抢劫时被抓住，混战随即爆发，几名士兵被杀。在接下来的三天里，帖木儿的军队横冲直撞，杀害或奴役印度教信徒，掠夺他们的财物。正如他后来在《帖木儿回忆录》（*Tuzak-i-Timuri*）中记录的那样：

> 他们俘获甚众，男女老少，每名士兵掳来的有50人到100人，没有少于20人的。其他战利品是大量的红宝石、钻石、石榴石、珍珠和其他宝石，还有镶金和镶银的珠宝、各种金币银币以及价值连城的锦缎和丝绸。到手的印度教妇女的金银饰品数量很多，不可胜数。

帖木儿突袭的直接结果是苏丹国的进一步瓦解。在旁遮普和东恒河平原地区，新的半自治的权力中心如雨后春笋般出现，菲鲁兹·沙·图格鲁克的一个埃塞俄比亚出生的奴隶在江布尔（Jaunpur）建立了一个苏丹国。取代图格鲁克王朝的赛义德王朝眼看着自己的领土不断缩小，几乎完全消失。苏丹阿拉姆·沙（Alam Shah）是该国最后的君主之一，他因为自称是“世界之王”而受到嘲笑，因为当时他的领土只延伸到帕拉姆村（Palam），如今帕拉姆村就在这座城市的国际机场附近。

1451年，洛迪王朝的到来给德里苏丹国带来了一丝生机。洛迪王朝是阿富汗商人和雇佣兵的后代，但也只不过是一个松散的国家联盟。他们的苏丹并不为自己建造宝座，而是与其他贵族共享一块地毯。并不是所有居住在苏丹领土上的阿富汗人都是政权的支持者，正如最后一任统治者易卜拉欣·洛迪（Ibrahim Lodi，1480—1526）在1526年所发现的那样，就在这一年，巴布尔（Babur）对德里发动了袭击。如果旁遮普的阿富汗酋长们没有为这位莫卧儿帝国的创始人铺上欢迎的地毯，他可能永远也不会成功。

苏非派承诺摆脱种姓制度和偶像崇拜，在阿杰梅尔等城市和信德的部分地区蓬勃发展。就像印度教虔诚派传统一样，他们是一种潜在的破坏性力量，因为他们绕过了正统的宗教实践，实现了个人与神之间的个人关系。苏非派宣称，无论是穆斯林和基督教徒，还是犹太教徒、琐罗亚斯德教徒和印度教信徒，“所有人都在朝着同一个目标努力，而使他们分离的外在仪式是错误的”。苏非派供奉圣人的神殿在印度北部遍地开花，印度教信徒和穆斯林都去参拜。

没有什么比15世纪诗人卡比尔（Kabir）的作品更好地融合了苏非派和印度教的虔诚信仰。他出身于一个穆斯林织工家庭，住在瓦拉纳西，他的神殿至今仍然吸引着各种信仰的信徒。传说在他死后，他的身体变成了花朵，以确保他既不能接受印度教的火葬，也不能接受穆斯林的葬礼。如今，他有两座坟墓，分别由穆斯林和印度教信徒照管。对卡比尔来说，祭司和毛拉都无关紧要。无论如何表达，真诚的信仰都比精确的仪式更有可能传到神的耳中。

卡比尔：

请仔细聆听，

因为无论是《吠陀经》，

还是《古兰经》，

都不会告诉你这些：

把嚼子放进它的嘴里，

把鞍放在它的背上，
你的脚踩在马镫上，
驾驭你狂野的思绪，
一直到天堂。

从德里苏丹国时期到18世纪早期，印度的穆斯林统治者大多是实用主义者，他们认识到自己是少数民族，统治着分散在广阔次大陆上的以印度教为主要信仰的庞大人口。他们的军队主要是为了保护印度免受蒙古入侵的持续威胁，而不是追求领土征服。从一个统治者到另一个统治者，从一个朝代到另一个朝代，伊斯兰教在包容和打击印度教之间摇摆不定，但强迫印度教信徒大规模改信伊斯兰教的尝试从未发生过。

摧毁印度教神庙，目的是夺取其中的大量财富，削弱当地统治者的政治权威。在大多数情况下，印度教信徒、耆那教徒和像犹太人和帕西人这样的宗教少数派被允许不受干涉地崇拜他们的神。吸引印度教信徒担任官职和参军的需要压倒了他们让印度教信徒皈依伊斯兰教的愿望。印度教信徒掌管着经济，印度银行家通过帮助从中亚新来的穆斯林购买奴隶、锦缎、珠宝甚至马匹，赚取了巨额利润。

征服更多是为了商业，而不是为了让更多的人皈依伊斯兰教。印度河对岸是一片资源丰富的土地，拥有当时世界上最先进的经济体系之一。那是一片遍地金银珠宝、香料和奴隶的土地。道路安全，港口高效，关税低。19世纪以后，为了证明他们的统治是公正和仁慈的，英国人把穆斯林统治者描述成破坏性的和专制的，而这样的形象广为流传。在印度独立前后，印度教信徒和穆斯林之间爆发了族群摩擦，这种摩擦一直持续到现在，但在伊斯兰王朝成为印度最强大力量的时期，这种摩擦基本上没有发生过。

“胜利之城”

像穆罕默德·本·图格鲁克这样的统治者在南印度的领土扩张通常都是短暂的，但他们加快了许多现存王国的毁灭。随后动荡的政治格局导致的最重要结果是哈里哈拉（Harihara，1336—1356 年在位）和布卡（Bukka，1356—1377 年在位）兄弟在 1336 年建立了毗奢耶那伽罗帝国（Vijayanagara Empire），两人都是皈依伊斯兰教的印度教信徒，他们本来为图格鲁克王朝效力，后来发动了叛乱。根据传说，一位印度教圣人认为哈里哈拉是维鲁巴克沙神（Virupaksha）的化身。他改变了宗教信仰，并被允许建立一个基于印度教原则的王国。这个王国得名于其首都毗奢耶那伽罗（意为“胜利之城”），并存在了 3 个世纪，在其权力的巅峰时期，它是南印度有史以来最大的国家，统治着约 2 500 万人口，而当时南亚次大陆约有 1.5 亿人。15 世纪中叶，帖木儿派来的使节阿卜杜·阿尔 - 拉扎克（Abd Al-Razzaq，1413—1482）来到了这个国家的首都，他评价说 ：“这座城市精美绝伦，眼睛从来没有见过像它这样的地方，耳朵也从来没有听说过世界上还有什么能与它相比。”珠宝集市上摆满了美轮美奂的珍珠，“只要看着它们，就连月亮都会妒火中烧”。它的统治者宣称拥有普世主权——他们的目标是“一统世界”。

毗奢耶那伽罗帝国的主要对手是在古尔伯加（Gulbarga）统治的巴曼尼苏丹和被称为“大象之王”的、控制了现在的奥里萨邦大部分地区的戈加帕提人（Gajapatis）。毗奢耶那伽罗帝国务实的统治者德瓦·拉亚二世（Deva Rayā II，1432—1446 年在位）通过征召巴曼尼人成为军官和步兵来缩小与他们的军事差距。1509 年登基的克利须那·德瓦·拉亚（Kṛṣṇa Deva Rayā，1509—1529 年在位）被认为是所有毗奢耶那伽罗国王中最伟大的一位，他将戈加帕提人赶回了他们的首都科塔克（Cuttack）。

克利须那·德瓦·拉亚统治着一个从马拉巴尔（Malabar）海岸延伸到科罗曼德尔（Coromandel）海岸的帝国，他是第一批欢迎欧洲商人进入他的国家的印度领导人之一，他认为贸易是普世主权的关键。他说，一个好的统治者应该关注港口的发展，这样所有重要的物品如檀香木、宝石和珍珠都可以自由进口。在他的帝国海岸遭遇海难的外国水手应该得到照顾：“通过每天为进口大象和良马的外国商人提供觐见的机会和礼物，并允许他们获得可观的利润，从而让他们依附于你。这样一来，这些珍贵的物品就不会落入敌人之手了。”葡萄牙枪手是他军队的主力。

长期以来，历史学家一直将毗奢耶那伽罗的印度教统治者视为反对伊斯兰势力在印度南部扩张的堡垒。然而，对这个王国的文化、社会和建筑的考察描绘出了一幅不同的画面。从帝国建立之初，他们就标榜自己是“印度诸王中的苏丹”，并吸收了波斯的思想和实践。首都被称为皇家中心的区域融合了伊斯兰建筑风格，如圆顶、尖拱门、十字拱顶和灰泥浮雕。突厥士兵和伊朗士兵被征召入伍。甚至突厥士兵的雕塑守卫着这座城市的一些印度教神庙。

阿卜杜·阿尔－拉扎克提到，国王穿着一件仿照12世纪伊朗王室服饰的中国丝绸外衣。贵族们在公共场合戴着同样源自波斯的无边帽，但在印度教宗教仪式上则换上传统的南印度服饰。历史学家罗莎琳德·奥汉隆（Rosalind O'Hanlon）写道："对于这些精英来说，宫廷成熟的一个重要标志就是它能够参与更大的伊斯兰文明圈，同时又能继续支持正在形成的独特的泛南印度精英文化。"莫卧儿帝国的建立标志着印度教文化圈和伊斯兰教文化圈之间的互动达到了顶峰。

第五章

伟大的莫卧儿帝国

公元1500年，在南亚旅行的游客会发现这片土地被分割成数十个敌对的王国—— 一幅多民族精英争夺权力、声望和印度丰富的资源的画面。一个世纪后，几乎整个南亚次大陆的北半部都被置于一个国家——莫卧儿帝国的统治之下。莫卧儿帝国的前六位皇帝被称为“大莫卧儿”（Grand Mughals），他们留下了全亚洲最精美的建筑，包括阿格拉宏伟的大理石建筑泰姬陵和阿克巴（Akbar）短命的首都法塔赫布尔西克里（Fatehpur Sikri，意为“胜利之城”）。在一些学者看来，他们仍然是典型的东方独裁者——他们的统治以残酷的继承斗争和咄咄逼人的军事征服为特征，还有一些学者强调莫卧儿帝国与印度梵文文化之间的丰富互动。在大众的想象中，他们是数量惊人的财富、富丽堂皇的宫殿和装满宝石的宝库的代名词。在20世纪初，德国旅行家和哲学家赫曼·凯泽林（Hermann Keyserling）伯爵宣称大莫卧儿们是“人类最伟大的统治者”:“他们是实干家、优雅的外交家、人类心灵的洞察者，同时也是唯美主义者和梦想家。”他们“集众多优秀品质于一身”，没有一个欧洲国王可以与他们相媲美。

可供历史学家使用的大量书面材料为这个帝国的光环增添了实质性的内容。宫廷编年史家的作品补充了皇帝的个人回忆录，他们记录了帝国日常管理中最细微的细节。莫卧儿帝国的崛起恰逢欧洲的探险和扩张时代。英国使节带着礼物来换取贸易权，耶稣会士来传教，法国珠宝商来讨价还价，意大利医生来兜售治疗痛风和阳痿的江湖疗法，还有各色的冒险家，他们留下了对个别统治者、他们的性格和怪癖以及他们宫廷的辉煌的客观描述。

莫卧儿人与蒙古人

人们将巴布尔建立的王朝称为“莫卧儿王朝”，“Mughal”一词是“蒙古人”的波斯语表达。巴布尔更喜欢强调他父亲的突厥血统。在15世纪，“蒙古人”一词含有野蛮之意。正如巴布尔所说：“即使蒙古人都是天使，他们仍然是一个邪恶的民族。”

莫卧儿帝国的故事始于1483年，这一年，查希尔丁·巴布尔（Zahir al-Din Babur，卒于1530年）出生在今天的乌兹别克斯坦。他的父亲是帖木儿的第四世孙，是费尔干纳（Ferghana）的统治者。费尔干纳位于撒马尔罕（帖木儿的旧都，也是帖木儿宏伟陵墓的所在地）西部，面积虽小，但土地极为肥沃。巴布尔的母亲相传是蒙古帝国创始人成吉思汗的后裔。1494年，他的父亲死于一起离奇的事故，年仅 11 岁的巴布尔登上了王位。巴布尔的父亲是一位鸽友，他在宫殿外墙上的鸽舍里照料他的鸽子时，墙随着下面的峭壁坍塌了。巴布尔在他的回忆录中诗意般地写道："奥马尔·沙伊赫·米尔扎（Umar Shaikh Mirza）同他的鸽子和鸽子笼一起飞了起来，变成了一只隼。"

在位两年后，巴布尔进行了攻占撒马尔罕的第一次尝试（一共进行了三次）。这次尝试失败了，但他在第二年就拿下了这座城市，可是仅仅占领了几个月的时间。在他不在的时候，费尔干纳被他同父异母的弟弟征服，巴布尔失去了自己的王国。在接下来的几年里，穷困潦倒的巴布尔和他的母亲以及一小群支持者在中亚的山区流浪。他后来写道："在我看来，无家可归，无依无靠，从一座山流浪到另一座山，这种情况实在很糟糕。"

在《巴布尔回忆录》（*Baburnama*）中，他称这一时期为"没有宝座的时代"。与莫卧儿帝国其他统治者的由他人代笔、歌功颂德的回忆录不同，巴布尔的回忆录非常客观，正如当代印度小说家阿米塔夫·高希（Amitav Ghosh）所说的那样，他"既是恺撒，也是塞万提斯"。巴布尔告诉他的读者，他的目标是要"如实照录，秉笔直书"。《巴布尔回忆录》被称为"有史以来最迷人、最浪漫的文学作品之一"，这在很大程度上要归功于作者的坦诚。书中描述了这位未来的莫卧儿皇帝面对第一任妻子时的性羞怯、他在安集延（Andizhan）集市上对一个男孩纯真无邪的爱慕、他对喀布尔甜瓜的渴望，甚至还描写了他在被人投毒后粪便的颜色："一种极黑的物质，就像焦干的胆汁。"

1504 年，21 岁的巴布尔放弃了征服撒马尔罕的梦想，转而将目光投向喀布尔。这个城市的专制统治者刚刚去世，留下尚在襁褓中的儿子作为继承人。喀布尔很容易就被征服了，巴布尔的成功使他控制了几个连接印度和中亚的战略十字路口。一年后，他发动了对印度五次入侵中的第一次。最初这些入侵都是抢劫。1514 年，在最后一次征服撒马尔罕的尝试失败后，他开始把目光投向印度北部，希望在那里重建帖木儿的势力。尽管他从心怀不满的洛迪贵族那里得到了一些支持，但他发现他们不值得信任，并在 1519—1524 年三次命令他的入侵部队撤退。直到 1525 年，他才准备迎战易卜拉欣·洛迪。巴布尔指挥着一支只有 8 000 名士兵的部队，他在旁遮普平原前进时几乎没有遇到任何抵抗，因为在那里洛迪王朝的权威已经基本崩溃。1526 年 4 月，他到达了位于今天哈里亚纳邦的帕尼帕特（Panipat）。巴布尔的军队用最先进的军事技术——火绳枪和大炮——弥补了他们在人力上的不足。他所采用的阵形与美国拓荒者在西部荒原上对付印第安部落时使用的阵形很相似。他用牛车围成一个圆圈，形成了一个坚固的屏障，而他的炮兵就躲在后面。当洛迪王朝的部队最终发起进攻时，他们纷纷被霰弹枪击倒。剩下的工作由作为预备队的骑兵来完成。几个小时之内，一切都结束了。

死者中有洛迪，他是德里苏丹国唯一在战斗中倒下的穆斯林统治者。按照惯例，士兵们砍下了他的首级，将其献给了巴布尔。巴布尔郑重地将其举起来，高喊："向你的勇敢致敬！"他的两位最高级的埃米尔用一块锦缎包裹了洛迪的尸体，然后就地将其清洗并埋葬。除了建造一座清真寺来纪念他的胜利，巴布尔还设计了一个对称的花园，花园里有互相连通的运河和抬高的走道，让人想起中亚的绿洲——他还将这种做法复制到印度的其他地方。

获胜后，巴布尔骑马前往德里，停留的时间刚好够以他的名义宣读星期五的祈祷（khutba），这一举动意味着民众默认了他们的新统治者。接下来，他进军洛迪王朝的首府阿格拉，他的儿子胡马雍（Humayun，1508—1556）在那里俘虏了北印度重要的地方政权瓜廖尔的王公一家。为了表示对新统治者的接受，王公送给胡马雍一份珠宝礼物，其中包括一颗巨大的钻石，其价值足以"为全世界提供两天半的食物"。巴布尔拒绝接受他儿子的礼物。多年后，胡马雍将这块被称为巴布尔钻石的石头赠予了波斯统治者。根据钻石的大小，坊间证据表明，这颗传说中的钻石就是大名鼎鼎的"光明之山"（Koh-i-Noor）。

巴布尔对他新征服的领土持悲观态度，他的那些厌倦战争的士兵也是如此，他们想念阿富汗凉爽的山口。为了劝阻他们不要回去，他问："我们要回到喀布尔，继续贫困下去吗？从今以后，凡支持我的，都不可说这样的话。那些无法忍受、注定要离开的人就离开吧。"他提醒他们，印度疆域广大，资源丰富——尽管它没有什么别的值得推荐的地方。

巴布尔想将帖木儿王朝的统治带到北印度，但这一目标的实现并非一帆风顺。首先出现的障碍是他所描述的"印度人民和我的人民相互之间明显存在厌恶和敌对情绪"。其次，莫卧儿王朝还远不是这片土地上的统治力量。随着德里苏丹国的衰落，印度北部的大部分地区被半自治的阿富汗公国控制。德里苏丹国的历代王朝都依赖阿富汗士兵和中亚的骏马，这些马匹由阿富汗商人进口，以保持军队的战备状态。这些阿富汗士兵中有许多人成了小首领。

巴布尔在《巴布尔回忆录》中这样评价印度：这里的人不漂亮，没有优雅的社交，没有诗意的才华，也没有礼仪、高贵的品质或男子气概。这里的艺术和工艺缺乏和谐或对称。这里没有好马，没有良犬，没有葡萄、甜瓜或其他一流的水果，没有冰或冷水，集市上没有好吃的面包或熟食，没有热水澡，没有大学，没有蜡烛、火把或烛台。

巴布尔还必须与众多的拉其普特人家族做斗争，其中最强大的是西索迪亚家族（Sisodiyas）。1527 年，为了恢复普里色毗罗阇三世的拉其普特帝国，西索迪亚家族的统治者拉纳·桑伽（Rana Sanga，1482—1528）集结了一支庞大的军队，离开了他的根据地梅瓦尔（Mewar），迅速向北挺进，要赶走帮助他们除掉洛迪王朝的入侵者。当占星家指出火星处于不吉利的位置，而这是巴布尔要战败的确切征兆时，人数处于劣势的巴布尔军队士气大跌。巴布尔试图通过取消向一些非穆斯林征税和发誓戒酒来对抗这一预兆。300 名指挥官随后跟着发了誓，数十罐从喀布尔带来的最新佳酿被倒进了一个专门挖掘的阶梯井里。金银酒器被打碎，分给穷人。为了进一步鼓舞士气，他宣布对作为异教徒的拉其普特统治者发动“圣战”，并自称是“加齐”（ghazi，意为“伊斯兰教勇士”)。

两军在阿格拉以西约 70 千米处的坎瓦（Khanwa）开战。拉其普特人不愧是骁勇善战。巴布尔重复了在帕尼帕特战役中使用的战术，建立了一个由马车组成的屏障，在他的骑兵包围敌人之前，装备着火绳枪和大炮的部队可以从屏障后面干掉拉其普特勇士。这个策略奏效了。为了纪念他的胜利，巴布尔下令把阵亡敌人的头颅堆积起来，以此警告那些可能想要攻击他的军队的人。

到了 40 多岁，巴布尔的健康状况开始恶化。他早年所受的苦难使他付出了代价。胡马雍听说父亲生病了，又担心宫廷里的贵族们在密谋让他的一位叔叔登上王位，他从巴达赫尚（Badakhshan）回到德里，结果他自己也病得很重。根据一个传说，巴布尔绕着他的儿子走了三圈，为儿子的康复祈祷。通过这个仪式，他把胡马雍的疾病转移到了自己身上，巴布尔不久就去世了。然而，历史记载显示，从这一事件到巴布尔去世，相隔了几个月。巴布尔死于 1530 年 12 月 26 日，是在他成为第一位莫卧儿皇帝仅仅四年之后。他的遗体被安葬在他在阿格拉建造的花园里。后来，遗体被转移到一个能俯瞰喀布尔的阶地上的陵墓里，他过去常常坐在那里欣赏风景。那里不允许建造任何其他建筑，因此陵墓将完全暴露在白雪和阳光之下。

失败和流放

胡马雍的继位将遵循成吉思汗和帖木儿确立的模式。虽然他是他父亲选定的继承人，但他的兄弟卡姆兰（Kamran）、阿斯卡里（Askari）和欣达尔（Hindal）有权分享他的领土。每个人都对自己不能成为新的莫卧儿皇帝心怀怨恨。卡姆兰认为自己只统治喀布尔和坎大哈是吃亏的，于是他首先发难，吞并了旁遮普。胡马雍别无选择，只能默许新的现状。

对胡马雍统治更大的威胁来自繁荣的海洋国家古吉拉特的统治者巴哈杜尔·沙（Bahadur Shah，1505—1537）。1535 年，胡马雍向南进军，与巴哈杜尔·沙的军队对峙，后者装备了最先进的大炮，雇用了葡萄牙的炮手。在一次大胆的夜间行动中，胡马雍的部队占领了尚庞（Champaner），并洗劫了巴哈杜尔·沙的国库。然后他占领了古吉拉特首府艾哈迈达巴德（Ahmedabad）和印度中西部马尔瓦高原（Malwa）上的山堡曼都（Mandu）。但胡马雍并没有在军事和行政上巩固他的征服，而是通过举行盛大的宴会和享受皇家娱乐活动来庆祝。正如英国作家班伯·加斯科因（Bamber Gascoigne）愉快地指出的那样："他总是觉得胜利的最初成果比任何可能获得的长期收益更有吸引力，他会连续几个月享受他最喜欢的消遣：葡萄酒、鸦片（他把鸦片和玫瑰水一起服用）和诗歌。"

后来，胡马雍回到阿格拉去应对新的威胁。舍尔沙·苏里（Sher Shah Suri，1486—1545）本来是洛迪王朝一个不起眼的侍从，统治着瓦拉纳西附近的一个小封地，后来成为阿富汗抵抗莫卧儿帝国在印度东部统治的领袖。1537 年，舍尔沙入侵孟加拉，包围了首府高尔（Gaur）。在暂时和解的兄弟卡姆兰和欣达尔的陪同下，胡马雍率领船队沿着亚穆纳河和恒河顺流而下。但是他没有继续前往高尔，而是花了六个月的时间试图夺取舍尔沙位于楚那尔的堡垒。这一拖延使舍尔沙最终征服了高尔，并掠夺了它的国库，他用所得的财富组织了印度北部有史以来规模最大的军队之一。他有了足够的信心，将自己加冕为苏丹，并采用了“沙”（意为“国王”）这一头衔。

当胡马雍得知高尔沦陷后，他试图与舍尔沙达成一个分享权力的安排，但他们未能就谁来统治孟加拉达成一致。到达高尔时，他发现那里基本被遗弃了。这位莫卧儿皇帝又一次错过了乘胜追击的机会，这一次他被高尔“仙女般的女孩和漂亮的女仆，以及令人神清气爽的花园和水池”吸引。

当胡马雍在他的高尔后宫里“穷奢极欲”时，他同父异母的兄弟欣达尔突袭了莫卧儿帝国的首都阿格拉，并在那里自立为皇帝。而卡姆兰则回到旁遮普，但他没有帮助胡马雍征服其在印度北部的对手，而是与欣达尔密谋瓜分战利品。在 1539 年的季风季节，舍尔沙利用莫卧儿帝国的动乱在乔萨（Chausa）与胡马雍的军队交战，情况变得越来越糟。卡姆兰和欣达尔认为胡马雍注定要失败，因此没有理会他的求助。1539 年 6 月，阿富汗军队发动突然袭击，击溃了胡马雍的军队，三个月来他们各自加强防御并进行虚假外交的努力宣告结束。在撤退途中穿过涨水的恒河时，胡马雍从马上摔了下来。就在他快要被淹死的时候，一位农民抛给他了一个羊皮筏子，他因此得救。为了奖赏这位农民，胡马雍让他做了一天的皇帝。

两支军队的下一次交锋发生在恒河平原的曲女城附近。莫卧儿帝国一方士气低落，减员严重，士兵纷纷仓皇逃跑。胡马雍的一位将军后来抱怨道：“这不是一场战斗，而是一场溃败，因为敌我双方没有一个人受伤，也没有一门大炮被动用。”胡马雍又一次被迫逃亡，这一次他骑着大象渡过恒河，撤退到了拉合尔。对舍尔沙而言，帕尼帕特的损失已得到扭转。莫卧儿人在南亚次大陆上只统治了 11 年，就开始屈服了。

胡马雍在拉合尔的流亡是短暂的。在舍尔沙威胁要占领这座城市后，他制定了前往喀布尔的计划。但由于卡姆兰控制着阿富汗的首都，他别无选择，只能南下信德，希望重新集结部队，夺回他的帝国。卡姆兰和阿斯卡里留在阿富汗，坚决反对胡马雍，而欣达尔则加入了流亡皇帝的阵营。1541 年，胡马雍与欣达尔老师的女儿哈米达（Hamida，1527—1604）结婚。一年后，她在盛夏穿越塔尔沙漠，到达信德的乌马尔果特（Umarkot），在那里生下了一个名叫阿克巴的男孩，这个男孩后来成为莫卧儿帝国最伟大的皇帝。胡马雍将婴儿留在坎大哈，向西穿过阿富汗，最终抵达波斯萨非王朝统治者沙·塔马斯普（Shah Tahmasp）控制的赫拉特（Herat）。1544 年 7 月，他到达沙·塔马斯普位于加兹温（Qazvin，位于现在的伊朗）的宫廷，沙·塔马斯普提出可以为他提供保护，条件是他和他的追随者要皈依什叶派伊斯兰教。作为获得保护的代价，胡马雍也献出了钻石“光明之山”。

1545 年 9 月，胡马雍利用沙·塔马斯普提供的军队和资金，率领莫卧儿 - 波斯联军从阿斯卡里手中夺取了坎大哈。三个月后，卡姆兰在喀布尔被击败。在接下来的八年里，卡姆兰四次试图夺回这座城市，但均以失败告终。在最后一次，他被抓获并被带到胡马雍的面前，胡马雍下令把他刺瞎。据说，卡姆兰曾乞求狱卒杀了他，被拒绝之后，他泰然自若地忍受着一切痛苦。然后他要求去麦加朝圣，并于 1557 年在那里去世。

在胡马雍不在印度的日子里，舍尔沙证明了自己是一个有能力的领导者，统治着一个稳定、繁荣、管理良好的王国。他重组了军队，使税收制度更加合理，对农产品实行固定税率，并解决了腐败问题。他升级并扩建了大干道（Grand Trunk Road），并将其安全托付给当地首领。路边种上了遮阴树，还在相隔一天路程的地方修建了为印度教信徒和穆斯林服务的商队旅馆（caravanserais）。他还推出了一种被称为“卢比亚”（rupiya）的标准银币，这是现代印度和巴基斯坦的货币的前身。但他在拉贾斯坦、马尔瓦和本德尔坎德（Bundelkhand）建立阿富汗殖民地的计划未能实现。1545 年，当舍尔沙试图夺取拉其普特人的卡利加尔（Kalinjar）要塞时，一个弹药库爆炸了，他当场死亡。在他去世之前，他下令在瑟瑟拉姆（Sasaram）建造了一座陵墓，它比此前印度任何一个穆斯林统治者的陵墓都要大。

舍尔沙死后的继承人危机见证了五位统治者的更迭，胡马雍趁机重新夺回他的领土。1555 年，他的军队在旁遮普的希尔信德（Sirhind）击败了舍尔沙之子的军队。到当年年中，德里被攻克。时隔 14 年后，巴布尔时期的疆域被恢复。

胡马雍几乎没有时间品尝胜利的果实。收复德里仅六个月后，

舍尔沙的陵墓高 46 米，有 3 层，矗立在湖中央。后来的莫卧儿皇帝建造了更大、更精致的陵墓，以超越他们的阿富汗对手，阿格拉的泰姬陵是巅峰之作。

1556 年 1 月，他在德里旧堡（Purana Qila）图书馆的屋顶上，与占星家们商讨金星升起的时间。这时，他听到了宣礼声，于是站起身来，不料脚被长袍缠住，他从陡峭的楼梯上摔了下来，头部受伤。几天后，他去世了，他的最后一句话是："我接受神圣的召唤。"

最伟大的莫卧儿皇帝

胡马雍去世时，他的儿子阿克巴（1542—1605）只有 13 岁，被委托给曾经帮助胡马雍重新征服印度的将军拜拉姆·汗（Bairam

Khan，1501—1561）来照顾和指导。阿克巴与英国的伊丽莎白一世完全同时代，他将作为莫卧儿帝国最伟大的皇帝被载入史册，一些历史学家将他提升到所有印度君主中最伟大君主的地位。在《印度的发现》一书中，尼赫鲁认为阿克巴的统治“融合了印度北部的印度教和伊斯兰教的文化”。在阿克巴的统治下，“莫卧儿王朝成了印度自己的王朝”。

尽管他被吹捧为宽容和温和的典范，但阿克巴统治的头几年尤其血腥，即使以南亚的标准来看也是如此。在他登基几个月后，德里遭到赫穆（Hemu）的袭击。赫穆本来是一名印度教硝石贩子，后来成为舍尔沙军队的首领。阿克巴寡不敌众的军队在帕尼帕特挑战了赫穆的军事机器。16世纪晚期的诗人帕德马萨加拉（Padmasagara）描述说，这位年轻的统治者“以雷霆万钧之势冲向舍尔沙的军队。令人惊讶的是，他让敌军士兵仅仅听到他的名字就闻风丧胆，他为他的部队建立了不朽的功勋”。恐惧是一个因素，但运气是另一个因素。一支箭射中了赫穆的眼睛，导致他惊慌失措的士兵四散而逃，莫卧儿军队得救了。赫穆被俘虏，并被带到阿克巴的面前。拜拉姆让年轻的统治者将他斩首。他现在已经成为一个加齐，一名圣斗士。

随着阿克巴日益要求自己做主，他与拜拉姆的关系恶化了。1560年，他建议他的监护人前往麦加朝圣，拜拉姆将军别无选择，只能服从，但是他没能成行。1561年1月，他在古吉拉特的帕坦（Patan）被一个对他怀恨在心的阿富汗人暗杀。两年后，阿克巴把他的奶兄弟阿达姆·汗（Adham Khan）从宫殿阳台上扔

这幅阿克巴死后的肖像由印度艺术家戈瓦尔丹（Govardhan，活跃于约 1596—约 1645 年）创作，融合了伊丽莎白时代的主题，狮子和小牛在皇帝的仁慈统治下和平相处。

了下去，消灭了另一个皇位竞争者。据说阿达姆·汗并没有被摔死，他残破的身体被抬到楼上，重新被扔了一次，这一次他真的摔死了。

19 岁时，阿克巴已经统治了一个东起拉合尔、西至江布尔的帝国，但零星的抵抗依然存在。他在长达 50 多年的统治中，要不断消除莫卧儿帝国的挑战者。阿克巴的建设帝国的方法明显不同于他的前任，特别是在那些拉其普特人的王国。他没有与拉其普特人交战，而是让他们为他所用，将他们视为权力和财富的共同管理者，同时让他们自由地管理自己的事务和祖传的土地。他们也不需要皈依伊斯兰教。

这种政策的改变几乎是偶然的。1561 年，阿姆培尔（Amber）地区来自卡茨瓦哈家族（Kachchwaha）的统治者巴马尔（Bharamal，1548—1574）向阿克巴求助，以粉碎对其地位的挑战。作为回报，巴马尔把女儿嫁给了他。一个原本不起眼的家族突然变成了拉其普特人最重要的统治王朝之一。阿姆培尔的公主们将成为莫卧儿帝国的皇后和未来皇帝的母亲。它的统治者将以将军的身份为莫卧儿帝国效力。巴马尔的孙子拉贾·曼·辛格（Raja Man Singh）领导莫卧儿军队对抗阿富汗人，并被任命为孟加拉总督。其他的拉其普特人都以卡茨瓦哈家族为榜样，包括焦特布尔（Jodhpur）和比卡内尔（Bikaner）的统治者。

虽然阿克巴的支持提高了卡茨瓦哈家族的地位，但是地位最突出的拉其普特人仍然是梅瓦尔的西索迪亚家族。这个家族的统治者乌代·辛格（Udai Singh，1540—1572）是拉纳·桑伽的后裔，他公开鄙视那些将自己的女儿献给莫卧儿后宫的拉其普特王公。阿克巴决定教训一下西索迪亚家族，他在 1567 年率领一支大军攻击了他们在契托尔（Chittor）的据点。在两位著名的拉其普特人首领的支持下，阿克巴的营地延伸了约 16 千米。这将是一场旷日持久的围攻。

契托尔的堡垒储备了足够维持几年的食物和充足的水。但它并非固若金汤。4 个月后，城墙被攻破，据说是阿克巴开枪打死了要塞指挥官。随后堡垒内的几个地方着火了。成千上万的妇女相信死亡比失去尊严更可取，她们选择了自焚。阿克巴随后下令屠杀剩下的 3 万名居民。虽然他们被打败了，但在整个莫卧儿帝国时期西索迪亚家族将继续他们的抵抗。

西索迪亚家族的失败使莫卧儿的核心地区或多或少地获得了安全，阿克巴得以将注意力转向行政事务。作为一位政策制定大师，他实行了一种系统的中央集权的统治形式，使他的庞大帝国的管理得以统一。阿克巴最重要的成就之一是重组了莫卧儿军队，自他掌权以来，莫卧儿军队人数增长了 6 倍，囊括了来自不同种族和宗教背景的士兵和军官。军官的头衔或军衔不是继承得来的，他们被根据业绩分配一个数字官阶，数字从 10 到 1 万不等，与他们指挥的士兵数量相对应，这便是曼沙布制度（mansab），这一制度可以确保军队在短时间内被动员起来。

阿克巴推崇宗教多元主义，这是他统治的决定性特征之一——考虑到宗教不宽容在世界其他地区愈演愈烈，包括宗教裁判所正在起步的欧洲，这一点就更加引人注目了。21 岁时，他废除了朝圣税和吉兹亚。莫卧儿帝国的所有臣民无论宗教信仰，现在都受到平等对待，至少在理论上是这样。伊斯兰教法被搁置一旁。托钵僧被授予建立寺院的土地。印度教寺庙被重建和修复。叛教者不再被处以死刑。阿克巴和他的朝臣庆祝重要的印度教节日，如排灯节（Diwali）。他还采用了印度教的习俗，让人称出与自己体重相当的金、银、谷物和其他商品，然后分发给穷人。

像德里苏丹国的统治者和莫卧儿帝国的其他统治者一样，阿克巴也是苏非神秘主义的追随者。他以一位开悟的苏非大师自居，每年都去朝圣，有时在炎炎夏日徒步前往印度西北部阿杰梅尔的奇什蒂派苏非传统创始人穆因丁·奇什蒂的圣殿。他成了苏非派圣人萨利姆·奇什蒂（Salim Chishti）的弟子，后者预言了他的第一个儿子萨利姆（Salim，1569—1627）的出生，而这个儿子就是后来的皇帝贾汉吉尔（Jahangir）。阿克巴非常感激，他把这位圣人的村庄西克里（Sikri）改造成了他的新首都，并将其命名为法塔赫布尔西克里，并为萨利姆·奇什蒂建造了印度最宏伟的陵墓之一。新首都仿照他的一个可移动的营地建造，成为他实现帝国统治愿景的竞技场。今天，它就像一个保存完好的鬼城。

阿克巴受到苏非派宽容其他信仰以及他们与神结合的途径的启发，利用他在法塔赫布尔西克里的住所对神学和宗教进行了系统的比较研究。他建造了一座“礼拜堂”，每周四晚上都在那里举行宗教辩论，并鼓励所有宗教团体和教派的代表参加。阿克巴确信，所有的宗教，不仅仅是伊斯兰教，都含有一些真理的成分。当一群耶稣会士来到他的宫廷时，他盛情款待他们，专门穿

“胜利之门”（Buland Darwaza）建于 1575 年，是为了纪念阿克巴战胜古吉拉特而建造的。它是通往法塔赫布尔西克里的贾玛寺（Jama Masjid）的主要入口。

上了葡萄牙服饰，亲吻一本《圣经》，对其顶礼膜拜。这些耶稣会士发现他如此接受基督教，以为他已经皈依了基督教，后来他们才意识到他对印度教、耆那教、犹太教和琐罗亚斯德教同样着迷，并且同时仍然遵守穆斯林的礼拜时间。其中一位耶稣会士，安东尼奥·蒙塞拉特（Antonio Monserrate）神父，陪同阿克巴和他的军队进入了阿富汗。在通过开伯尔隘口时，一群愤怒的暴民要用石头砸死神父，因为他谴责了先知，但是阿克巴阻止了他们的行为。

安东尼奥·蒙塞拉特神父对阿克巴的评价："阿克巴对所有希望觐见他的人来说是多么平易近人，怎么说都不为过。他几乎每天都创造机会让任何平民或贵族见到他并与他交谈。对于每一位觐见者，他都尽量表现得谈吐愉快、和蔼可亲，而不是高高在上、拒人于千里之外。"

虽然阿克巴不识字（有证据表明他有诵读困难症），但他的图书馆藏书多达2.4万册。他专门成立了一个部门，将印度教史诗《摩诃婆罗多》和《罗摩衍那》以及用拉丁文写成的基督教福音书翻译成波斯文，并将复制本分发给他管辖范围内的图书馆。说梵语的天文学家被任命为他的宫廷成员。

并不是所有人都赞同阿克巴的宗教实验。他的神圣信仰（Din-i Ilahi，一个以皇帝为神圣君主的宗教混合体）观念导致他的敌人指责他放弃伊斯兰教。在厌恶阿克巴那种多信仰热情的人中，有一位名叫巴道尼（Badauni，1540—1615）的宫廷史家，他成为阿克巴最激烈的批评者。阿克巴让他用四年的时间翻译《摩诃婆罗多》，对阿克巴来说，这似乎是一种病态的享受，但是巴道尼后来形容这本书除了"幼稚的荒谬"外什么都没有。巴道尼批评阿克巴记住了太阳的1 001个梵文名字，每天崇拜这个神圣的物体四次，还遍访"所有教派的著名圣人"。而阿克巴则抱怨巴道尼是一个狂热分子："多么锋利的宝剑也无法刺穿他的偏执。"

1589年，阿克巴委托他的大维齐尔兼宫廷诗人阿布·法兹尔（Abu'l-Fazl，1551—1602）"用真诚的笔记录我们开疆拓土的光荣事件”。法兹尔是一位具有自由思想的学者和才华横溢的历史学家，他创作了两部不朽的著作，分别是《阿克巴则例》（*A'in-i Akbari*）和《阿克巴本纪》（*Akbar-nama*）。《阿克巴则例》集地名志、历书、章程和统计摘要于一体，英文版长达1 500页，内容从“给骆驼涂油和往它们鼻孔里注射油的规定”到计算地球大小的数学方法，无所不包。《阿克巴本纪》长达2 500页，歌颂阿克巴的统治，将他描绘成拥有超自然力量的神圣神秘主义者。正如法兹尔所言：“他在尘土飞扬的乡野居民中寻找真理，与各种穿着打了补丁的衣服的人交往，这些人包括瑜伽修行者、弃世者和苏非神秘主义者，以及其他与世隔绝的修行者和超然物外的隐士。”

在他统治的后期，他与印度教圣人混在一起，这些圣人“沉迷于各种愚蠢的极端行为，沉迷于苦思冥想和奇思妙想，沉迷于炼金术和魔法”。由于执着于理解人性，他让人做了一个“野孩子”实验，把几十个婴儿转移到一个特殊的房子里，没有人和他们说话，因为他相信，随着他们在这样与世隔绝的环境中长大，人类的自然语言就会显露出来。他还想知道这些婴儿长大后“会倾向于什么宗教和教派，最重要的是他们会持有什么样的信条”。1582年，在这些孩子被关了四年后，阿克巴来到这里，他“没有听到哭声，也没有听到说话，除了哑巴发出的噪声之外，什么也没有”。

阿克巴的晚年饱受家庭悲剧的困扰。他的三个亲生儿子都是酒鬼，其中两个儿子先他而去。他30多岁的长子萨利姆急于坐上皇位，在1600年发动了一场反叛，但以失败告终。两年后，萨利姆以皇帝的名义铸造了硬币，并下令杀死法兹尔。在阿克巴妻子的干预下，父子俩最终和好了。萨利姆被指定为法定继承人，但他不为履行职责做准备，而是沉溺于鸦片和酒精。就像班伯·加斯科因说的那样："阿克巴取得的成就超出了他的预期，却发现他的成功被一个具有讽刺意味的事实破坏：他的儿子们似乎都没有能力继承他所建立的一切。"

世界上最富有的帝国

1605年，萨利姆在他父亲去世后登上皇位，他自号贾汉吉尔，意思是"世界的征服者"。虽然对他来说，征服世界不过是一个白日梦，但他所继承的是当时世界上最富有、最广阔的帝国。它覆盖了印度北部的大部分地区，以及现在的巴基斯坦、孟加拉国和阿富汗。它的人口多达1亿，是鼎盛时期奥斯曼帝国的5倍，它生产的纺织品、香料、糖和武器等约占世界总产量的四分之一。

贾汉吉尔经常被描绘成一个慵懒之人。虽然鸦片和酒精成瘾使他在晚年失去了行动能力，但实际上他是一个开明和宽容的统治者，遵循并试图改进父亲的许多政策。印度艺术史家阿肖克·库马尔·达斯（Ashok Kumar Das）称贾汉吉尔为"唯美主义者"，说他"拥有博物学家的见识、诗人的胸怀、鉴赏家的品位、享乐主义者的思想"。和巴布尔一样，他也留下了一本详细的回忆录《贾汉吉尔回忆录》（*Jahangirnama*），里面描述了他对自然界的迷恋（他能说出印度北部所有鸟类的名字）以及他对艺术

这幅描绘渡渡鸟的画作被认为出自乌斯塔德·曼苏尔之手，创作时间在1628—1633年。这只不会飞的鸟可能是被人从葡萄牙人控制的果阿带到贾汉吉尔的宫廷的。

的赞助。19世纪《贾汉吉尔回忆录》的英文译者亨利·贝弗里奇（Henry Beveridge）曾经说过这样的话：如果让这位皇帝担任“自然历史博物馆的馆长”，或许他会成为一个“更好、更快乐的人”。

在他委托创作的数千幅画作中，有一幅画的是现已灭绝的毛里求斯渡渡鸟。这幅由宫廷画师乌斯塔德·曼苏尔（Ustad Mansur）绘制的画是世界上唯一的根据活体标本准确描绘这种鸟的画。他的回忆录中还详细记录了赤颈鹤的繁殖习性以及一项实验的结果，在这个实验中，一头狮子被解剖，以探究是什么器官让它如此凶猛。当他最喜欢的朝臣伊纳亚特·汗（Inayat Khan）因鸦片成瘾而濒临死亡时，他下令将伊纳亚特·汗画下来。住在贾汉吉尔宫廷里的耆那教僧侣阿帕德哈亚·巴努坎德拉·加尼（Upadhyaya Bhanucandra Gani）一针见血地描绘了那个时代的颓废：

> 贾汉吉尔就像天上的因陀罗一样，纵情享乐，有时生活在奢华行宫里，有时漫步在印度河河畔，有时在山间行乐，有时在广厦寻欢，有时欣赏轻歌曼舞，有时观看戏剧表演。

贾汉吉尔的宫廷来过许多欧洲访客，其中就有托马斯·罗伊爵士（Sir Thomas Roe，1581—1644），他于 1615 年带着詹姆士一世的信件和礼物来到这里，为东印度公司争取一项贸易协议。在罗伊赠予的所有礼物中，贾汉吉尔最珍视的是英国油画和细密画，他命令他的画师们复制了这些作品。罗伊在印度生活了三年，留下了一份详细的记录，其中便记录了皇帝的宫廷，在贾汉吉尔定期巡视帝国期间，这个宫廷被多次从一个地方搬到另一个地方。仅运输帐篷就需要 1 000 多头大象、骆驼和公牛。根据罗伊的统计，当需要停下来过夜时，所建营地的周长为 32 千米，这与欧洲任何一个城市相比都毫不逊色。

罗伊并不是第一个到访莫卧儿宫廷的商人。到了 16 世纪，从马穆鲁克埃及的犹太人和喀里米人（Karimi），到也门的拉苏里人（Rasulids），还有葡萄牙人，大量的贸易群体已经与印度建立了深厚的商业网络，主要交易商品为来自喀拉拉的胡椒和豆蔻等香料。科钦（Cochin）的市场上出售的胡椒在里斯本可以卖到原价的8倍。从16世纪早期开始，来自波斯帝国、奥斯曼帝国和中国明朝的需求导致胡椒产量显著增加。通过这些交易，印度商人收获了大量的金、银、象牙、铜和奴隶。在阿克巴和贾汉吉尔的统治下，包括欧洲人在内的外国工匠被鼓励在印度定居，他们教给当地织布工人更好的织布技术，有时还把伊朗、欧洲和中国的纹样引入印度。

像他的父亲一样，贾汉吉尔把各种宗教的知识分子和教师邀请到他的宫廷里，他还研读从梵文翻译过来的文本。圣母马利亚的画像和雕像装饰着他的宫殿。虽然他仍然是一个虔诚的穆斯林，但他有着世俗的观点。就像罗伊指出的那样："各种各样的宗教都是受欢迎的，自由的，因为国王不属于任何宗教。"唯一的例外是印度教瑜伽修行者，虽然他们也被容忍，但贾汉吉尔称他们缺乏"所有的宗教知识"，在他们的思想中只能看到"精神的黑暗"。

1611年，贾汉吉尔娶了他一个大臣的遗孀弥尔·安妮莎（Mihru n-Nisa，1577—1645）。她虽然只有34岁，但很快就在丈夫的宫廷中占据了主导地位，获得了"努尔·马哈"（Nur Mahal，意为"宫殿之光"）和"努尔·贾汗"（Nur Jahan，意为"世界之光"）的称号。她的名字被刻在了钱币之上，在伊斯兰教的印度，这还是第一次。任何公共事务都要交给她处理。在谈到这对夫妻的关系时，罗伊说："他对她言听计从，完全听她摆布。"她也是一位出色的射手，在一天之内，她从象轿上只射出6发子弹，就杀死了 4 只老虎。她口授命令，发布公告，并任命她的家族成员担任高级官员。她坚持要求来访者给她带礼物，这导致了莫卧儿帝国前所未有的腐败。

其中一个赢得她青睐的人是胡拉姆（Khurram，1592—1666），他是贾汉吉尔与前妻所生的儿子。胡拉姆的崛起部分是由于他成功地制伏了西索迪亚家族。在阿克巴攻打契托尔之后，西索迪亚家族的领袖拉纳·普拉塔普（Rana Pratap，1540—1597）领导了一场旷日持久的针对莫卧儿帝国的游击战。在 1614 年的第一次军事任务中，胡拉姆面对的是普拉塔普的继任者阿玛尔·辛格（Amar Singh，1559—1620）。面对强大得多的莫卧儿军队，辛格被打败并提出求和。一年后，双方达成了一项协议，免除了西索迪亚家族与莫卧儿人的婚姻关系，也免除了他们向莫卧儿人的朝廷派遣代表，还允许他们管理自己的领土，并将契托尔的堡垒归还给他们。

凯旋的胡拉姆成为贾汉吉尔选定的继承人，但他日益叛逆的行为迫使他的父亲改变了主意（bidalwat）。努尔·贾汗利用丈夫吸毒成瘾的行为和每况愈下的健康状况成了帝国事实上的统治者，她也转而反对胡拉姆，开始支持贾汉吉尔的一个小儿子沙赫里亚（Shahryar）。为了除掉胡拉姆，她说服贾汉吉尔派胡拉姆去布尔汉布尔（Burhanpur），让他从德里苏丹国的残余势力手中夺取莫卧儿帝国的南翼，她无疑是希望胡拉姆在这场战役中丧命。

1627 年 10 月 28 日贾汉吉尔的死开启了一场再熟悉不过的皇位争夺战。努尔·贾汗试图抓住机会，让体弱多病的沙赫里亚

（他患有一种麻风病）登上宝座，但是她的计划被贾汉吉尔军队中一名忠于胡拉姆的将军阿萨夫·汗（Asaf Khan，1569—1641）阻挠，他将她软禁起来。当胡拉姆听到父亲去世的消息时，他还在南印度，距离阿格拉有三个月的路程。回到阿格拉 12 天后，即 1628 年 1 月 24 日，一个占星家认为这天是个吉祥的日子，他被加冕为新皇帝，号称“沙贾汗”（Shah Jahan，意为“世界之王”）。登上宝座后胡拉姆的第一个行动就是下令处决沙赫里亚及其支持者。努尔·贾汗被流放到拉合尔，于 1645 年死在那里。

沙贾汗的母亲是拉其普特人，因此他的印度血统多于莫卧儿血统，但他从未忘记自己的伊斯兰根源。他对宗教和国家事务采取了比他父亲更正统的态度。在君主面前跪拜的做法被认为不符合伊斯兰教规，因此被禁止。对一年一度的麦加朝圣的赞助被恢复，允许修建和修复非穆斯林礼拜场所的政策被叫停。然而，他的朝廷容忍耶稣会士的存在，并且像阿克巴一样，他雇用印度教信徒来指挥他的军队。

沙贾汗奉行进攻性的军事战略，将印度东部的部分地区、信德和与阿富汗接壤的西北边境纳入帝国版图。他还与德干高原的两个主要王国——比贾布尔（Bijapur）的阿迪勒沙哈（Adil Shahs）和戈尔康达（Golconda）的顾特卜沙哈（Qutb Shahs）——签署了条约。他试图重新夺回阿富汗北部和中亚的领土，但没有那么成功。这些战争的真正意义在于它们对他两个儿子达拉·舒科（Dara Shukoh，1615—1659）和奥朗则布的影响，这两个儿子后来将会争夺皇位。

在他南征北战的过程中，沙贾汗最宠爱的妻子蒙塔兹·玛哈尔（Mumtaz Mahal，1593—1631）一直陪伴在他身边。就像同时代的作家伊纳亚特·汗指出的那样，他对他后宫其他妻子的感情还不及对她的“千分之一”。所有国家事务都要征求蒙塔兹·玛哈尔的意见，官方文件也加盖了她的皇家印章。1631 年，她在生第 14 个孩子时，在长达 30 个小时的难产中去世，沙贾汗悲痛欲绝，整整一周没有露面。“由于长期哭泣哭坏了眼睛，他不得不戴上眼镜。他那庄严的胡子本来只有几根白的，由于极度悲伤，几天后就白了三分之一以上。”伊纳亚特·汗写道。

蒙塔兹被埋在布尔汉普尔市（Burhanpur）塔普提河（Tapti River）河畔的一座花园里，她就是在那里去世的。六个月后，她的尸体被运回阿格拉，重新埋在亚穆纳河河畔。她的墓址之上将矗立起印度最伟大的莫卧儿帝国遗迹：泰姬陵。这座建筑表面覆盖着白色大理石，大部分大理石都镶嵌着宝石，用沙贾汗的宫廷历史学家卡兹维尼（Qazwini）的话来说，它将成为“永恒的杰作”，并“令全人类为之惊喜”。

在困扰大莫卧儿的所有继承权之争中，发生在沙贾汗四个儿子之间的争夺战是最可怕的。1657 年 4 月，皇帝休完假回到德里后生病了。威尼斯旅行家兼江湖医生尼可劳·马努奇（Niccolao Manucci）将他的疾病归因于过度使用春药：“他虽然年老体弱，但还想像年轻人一样享受生活。”沙贾汗最终康复了，但此时他即将死亡的谣言已经席卷了全国。在返回德里之前，他已经指定他最喜爱的长子达拉·舒科为他的继任者。和阿克巴一样，达

1648 年，法国医生弗朗索瓦·伯尼耶（Francois Bernier）看到还未竣工的泰姬陵，就坚定地认为它比埃及“那些粗糙的金字塔”更有资格被列为世界奇迹之一。

拉·舒科也是一个多才多艺的人，他曾经评论说：“印度教的本质与伊斯兰教是相同的。”沙贾汗的继任计划的致命缺陷是他未能解除其他觊觎皇位的皇子的武装，他们分别是舒贾（Shuja）、奥朗则布和穆拉德（Murad）。

在沙贾汗濒死经历之后的九年里，奥朗则布（1618—1707）争夺权力最为激烈。他个人行为严厉，信仰正统，鄙视他的哥哥和他哥哥所代表的一切。奥朗则布抱怨说，达拉·舒科靠“拍马逢迎和油嘴滑舌”赢得了父亲的青睐。当舒科在阿富汗未成功夺取坎大哈时，奥朗则布在 1658 年夺取了阿格拉，并将沙贾汗囚禁在红堡。舒科回到印度后，被他的一位将军出卖，被捕并被带回德里，在那里，他骑着一头肮脏的大象，戴着镣铐游街示众。法国医生弗朗索瓦·贝尼耶（François Bernier）说："所到之处，我看到人们在哭泣，他们用最感人的语言为舒科的命运哀叹。男女老少都在哭泣，就好像他们身上发生了什么巨大的灾难。"在被指控叛教后，舒科被判处死刑并被斩首。

1659 年 5 月，奥朗则布被宣布为皇帝，他的称号是"阿拉姆吉尔"（Alamgir，意为"世界征服者"），这个波斯语单词被刻在了他被囚禁的父亲送给他的剑上。奥朗则布作为宗教保守派的名声在今天的印度依然根深蒂固。他近 50 年的统治标志着莫卧儿帝国与梵文文化世界的关系走向终结。正如班伯·加斯科因所说的那样："阿克巴通过承认印度不是一个伊斯兰国家而扰乱了穆斯林社会，而奥朗则布通过承认印度是一个伊斯兰国家而扰乱了印度。"他花了几个月的时间背诵《古兰经》，甚至在战斗中也会铺上地毯，诵读晚祷。他最早的传记作家之一斯坦利·莱恩－普尔（Stanley Lane-Poole）指出："奥朗则布首先是一个严厉的苦行者。对他来说，生活中的任何东西，无论是皇位、爱情，还是安逸的生活，都无法与对伊斯兰教的忠诚相比。"

从此以后，奥黛丽·特鲁什克（Audrey Truschke）和凯瑟琳·斯科菲尔德（Katherine Schofield）等学者都对他的宗教狂热提出了质疑。长期以来，人们一直认为，他禁止音乐是因为它不符合伊斯兰教义，这只是众多传说中的一个，现在经过更仔细的历史审视，这些传说已经被打破。虽然他信奉正统的伊斯兰教，但在他统治的头十年里，他对印度教信徒采取了谨慎的行动。他

一幅被认为出自莫卧儿宫廷艺术家比奇特尔（Bichitr）之手的画，描绘了皇帝奥朗则布坐在杜尔巴的金色宝座上，约1660年。

的儿子和贵族们继续庆祝印度教节日，资助诗人，享受音乐和美酒。这种情况在1669年发生了变化，当时他命令莫卧儿帝国统治下的所有省份的总督摧毁印度教寺庙，几年后他又颁布了另一项禁止印度教信徒担任高级职位的法令。然而，这些命令从来没有被系统地执行过，寺庙的拆除也仅限于印度北部的几个地区。

1679年，他恢复了阿克巴115年前废除的对非穆斯林征收的吉兹亚。法令颁布后不久，德里发生了地震。这座城市的毛拉们相信这是一个不好预兆，恳求皇帝重新考虑他的行为。奥朗则布拒绝了，他说大地的颤抖是“为我的做法感到喜悦”。印度教根深蒂固，彻底消灭它远远超出了任何统治者的能力。正如马努奇观察到的那样，即使是被摧毁的神庙也“受到印度教信徒的崇拜和供奉”。幸存下来的神庙里挤满了信徒。

奥朗则布统治期间，将莫卧儿帝国的疆域扩张到了最大的范围，但是他的征服付出了相当大的代价。帝国的军事和行政资源分散，纪律涣散。在奥朗则布去世前几年，威廉三世的贸易代表威廉·诺里斯爵士（Sir William Norris）曾经来到他的朝廷，爵士说他的士兵领不到军饷，他的朝臣可以用一瓶酒来行贿。一位目击者写道：“政治废弛，天下大乱，满目疮痍，民不聊生。”

奥朗则布最强大的敌人——德干的马拉塔人和旁遮普的锡克教徒——都没有被征服，这更加剧了这种危险的状态。在西瓦吉（Śivaji）的领导下，各个马拉塔部落联合成一支有效的军事力量，利用沿西高止山脉的坚不可摧的堡垒网络对奥朗则布的军队发动了惩罚性的游击袭击，这些行为在今天仍然被歌颂。奥朗则布判处第九代古鲁泰格·巴哈杜尔（Tegh Bahadur）亵渎神明，并处决了他，从而疏远了锡克教徒。自 15 世纪晚期成立以来，锡克教已经发展成为一场宗教和社会改革运动，也发展出一支强大的军事力量。奥朗则布尤其对大量穆斯林皈依锡克教感到愤怒。1708 年，奥朗则布的继任者巴哈杜尔·沙（Bahadur Shah）暗杀了第十位也是最后一位古鲁戈宾德·辛格（Gobind Singh），这引发了一系列战争，在接下来的一个世纪里削弱了莫卧儿帝国的势力。

奥朗则布下定决心不让自己继位时的混乱局面重演，他试图为有序的权力移交奠定基础。由于担心儿子们会造反，他以挪用公款等轻罪监禁了五个儿子中的三个，另一个被派往帝国遥远角落的一个哨所。但最后一切努力都是徒劳。1707 年 3 月 3 日，奥朗则布的去世引发了一场兄弟之间、傀儡与觊觎王位者之间钩心斗角、自相残杀的斗争，而结果往往是致命的。在十几年的时间里，至少出现了 17 位争夺皇位者。奥朗则布的死也为新玩家加入 18 世纪这场争夺南亚次大陆及其巨大财富的游戏打开了大门。战争将不再仅仅发生在印度教军队和穆斯林军队之间。英法两国曾经满足于派遣像罗伊和诺里斯这样带着礼物的使者来赢得当地统治者的青睐，现在却即将成为贸易和领土的全面竞争对手。

第六章

商人与雇佣兵

1772 年，伦敦的观众们蜂拥到海马克皇家剧院（Haymarket Theatre）观看塞缪尔·富特（Samuel Foote）的新剧《纳勃卜》（*The Nabob*）。剧本讲述了马修·米特爵士的故事：马修·米特是东印度公司一名放荡不羁的雇员，回到英国之后，打算用他的不义之财娶一个贵族家庭的女儿，并在下议院买一个席位。约翰·奥尔德姆爵士是一位受人尊敬的贵族，但是他陷入了困境，欠了米特的债，而米特一直觊觎他的美丽的女儿苏菲。米特是一个赌徒，他“大肆挥霍从印度掠夺来的战利品”，“利用从他人的破产中获得的财富纵情享乐”。他承认他想建立一个由“三个来自孟加拉的黑人”看守的闺阁，并威胁说，约翰·奥尔德姆如果不把自己的女儿苏菲嫁给他，就把约翰·奥尔德姆送进债务人监狱。最后，约翰·奥尔德姆的堂弟托马斯·奥尔德姆付清了约翰·奥尔德姆欠下的 1 万英镑，保住了这个家族的地位，也保住了苏菲的荣誉。

“纳勃卜”（Nabob）一词是波斯语中表示“总督”的纳瓦

布（nawab）的变形。18 世纪 70 年代，英国公众对东印度公司野蛮的商业行为越来越愤怒，这个词被用来形容像小说中米特这样贪婪的公司职员。富特剧本中的嘲讽对象是其中最贪婪的罗伯特·克莱武（Robert Clive），克莱武在东印度公司步步高升，积累了令同时代人震惊的巨额财富。

1744 年，19 岁的克莱武在马德拉斯（Madras）上岸，担任初级理货员。他出身于一个小贵族家庭，这个家庭有 13 个孩子，他排行老大。他从小就以“过度沉迷于打架斗殴”而闻名，这一特点在次大陆上对他很有帮助。他的起薪只有每年 5 英镑，但他如果能挺过这里严酷的气候和威胁生命的热带疾病，就很有可能晋升为初级商人、议员甚至是总督。在其最初写给家人的一封信中，年轻的克莱武说，他的目标不过是“养活自己，帮助我的家人”。但是，东印度公司的文化不允许这样的谦虚。

到克莱武到来的时候，这家后来所谓的“可敬的公司”已经从一个小型贸易实体发展成为一家利润丰厚的上市公司，在印度沿海和主要航道上拥有十多家“贸易站”（factory，这个词来自葡萄牙语中的“feitoria”，意为“设防的贸易站”）。资深商人被称为事务官（factor），像克莱武这样的初级雇员被称为文员（writer）。在伦敦利德贺街（Leadenhall Street）上一间狭小办公室里工作的几十名固定员工，最终将经营一家控制着全球一半贸易的公司，其海关收入占英国财政部总收入的十分之一。1600 年，英国女王伊丽莎白一世授予该公司特许经营权，从那一年到 1833 年，悬挂该公司旗帜的船只从伦敦到亚洲航行了大约 4 600 次。到 18 世纪

克莱武因在印度南部和孟加拉的胜利而被封为爵士，在为大英帝国在 18 世纪的印度奠定统治基础方面，可以说他比其他任何人的贡献都要大。

末，东印度公司的武装部队规模是英国军队的两倍。

历史学家已经对东印度公司的兴衰进行了深入的研究，包括最近的威廉·达尔林普尔（William Dalrymple）的研究，他将东印度公司对印度的逐渐接管描述为“历史上空前绝后的企业政变”：“几乎可以肯定，对南亚大片地区的军事征服和掠夺仍然是世界历史上企业暴力行为的顶峰。”

1599年，当80位精明的商人在伦敦开会成立东印度公司时，他们的目标不是印度，而是与印度尼西亚群岛的香料贸易。他们的主要竞争对手是荷兰东印度公司（Vereenigde Oost Indische Compagnie，简称VOC），该公司的资本基数是他们的10倍，并从香料群岛（东印度群岛）获得了巨额利润。在与热衷于保护自身垄断地位的荷兰商人发生的几次小规模冲突中被痛打之后，英国东印度公司决定与其坚持下去，不如及时止损。作为退路，印度是一个诱人的选择。它距离英国更近，并且生产世界上最好的纺织品。

1608年，威廉·霍金斯（William Hawkins）船长在印度西海岸的苏拉特（Surat）登陆，成为英国东印度公司第一个踏上印度的指挥官。他立即启程前往莫卧儿帝国的都城阿格拉，开始了为期一年的旅程。但他的礼物只有几捆不多的布（其余的都被一个为葡萄牙人工作的人偷走了），这并没有激起贾汉吉尔的兴趣。霍金斯没有获得在莫卧儿帝国全境开展贸易的御令（farman），只是带回了皇帝的礼物——一位妻子（她是亚美尼亚基督徒）。

七年后，托马斯·罗伊爵士追随霍金斯的脚步，来到了莫卧儿帝国的宫廷，他带来了一大堆礼物，包括英国獒犬和猎犬、成箱的红酒和一辆王家马车。英国人的主要竞争对手是葡萄牙人。虽然葡萄牙商人在印度已经活动了近一个世纪，但他们与莫卧儿帝国的关系并不稳固。前往麦加朝圣的穆斯林要依赖葡萄牙人的船只。在登船之前，他们需要有葡萄牙签发的护照，上面印有耶稣和圣母的形象。罗伊的到来恰逢英国在与葡萄牙的两次小规模战斗中取得胜利。罗伊承诺，在英国的帮助下，贾汉吉尔将成为

“海洋之王”。

罗伊也没有获得御令，但贾汉吉尔允许他在苏拉特建立一个贸易站。回到英国后，罗伊向公司的董事们提出了以下建议：“让我们把这当作一条规则来接受吧：你如果想要得到好处，就在安静的海上贸易中寻找，因为毫无争议，在印度驻军或发动战争是错误的。”

在接下来的几十年里，东印度公司在印度的业务稳步增长。1639 年，东印度公司从当地统治者手中获得了马德拉斯。1661 年，拥有宏伟港口的孟买被“赠予”给了查理二世，作为布拉干萨的凯瑟琳（Catherine of Braganza）的嫁妆。

欧洲不同国家亚洲航线的船运吨位

时期	英国	荷兰	葡萄牙	法国	丹麦	瑞典	英国所占比重
1581—1590	0	0	55 419	0	0	0	0
1631—1640	31 179	63 970	20 020	3 000	4 000	0	25.5
1681—1690	47 879	130 849	11 650	17 500	4 000	0	22.6
1731—1740	67 880	280 035	13 200	53 891	12 267	7 368	15.6
1781—1790	228 315	243 424	8 250	130 490	63 461	0	33.9
1820—1829	859 090	178 000	—	168 180	22 779	6 370	60.0

东印度公司的业务蒸蒸日上。到了 1680 年，东印度公司的 2 000 名股东每年获得 50% 的股息，这一水平在 1682 年、1689 年和 1691 年重复出现。虽然在随后的几十年里，公司的命运发生了变化，但它对英国经济仍然至关重要。1700 年，它从印度运出了

价值超过 50 万英镑的货物，占英国进口总量的 13%。纺织品已经取代香料成为主要的贸易商品，来自孟加拉、古吉拉特、科罗曼德尔和康坎的优质印度棉花在东南亚、东非和波斯萨非王朝找到了现成的市场。学者乔治·列洛（Giorgio Riello）写道："印度布料开始在非洲充当货币，在东南亚充当工资商品，在欧洲充当时尚用品。"

一个令人沮丧的熟悉场景是，营业额越大，企业不正当行为就越严重。1693 年，东印度公司的总督和董事会主席因内部交易和收买曾威胁要削弱公司势力的议员而遭到弹劾。

这已经不是该公司第一次越界了。1688 年，好战的总督约西亚·柴尔德爵士（Sir Josiah Child）无视罗伊关于"安静贸易"的建议，愚蠢地决定与拥有 10 万人的强大的莫卧儿战争机器较量。针对莫卧儿官员在孟加拉的工厂向英国商人勒索钱财的投诉，柴尔德派出两艘船，载着 308 名士兵，沿着胡格利河（Hooghly River）而上，要给他们一个教训。当船只登陆时，船上的士兵被莫卧儿哨兵像捉苍蝇一样轻而易举地干掉了。在印度西海岸，一位也叫柴尔德的公司官员与莫卧儿帝国之间发生了一场类似的灾难性战斗。这场被戏称为"儿童战争"① 的战争导致公司失去了孟加拉、孟买和苏拉特的贸易站。公司的官员不得不上门乞求奥朗则布，以恢复他们的贸易权。在支付了巨额赔款并承诺在未来会

① 因为战争是由两位柴尔德发起的，而柴尔德在英语中意为"儿童"，这种戏称似乎为了讽刺两人的幼稚鲁莽之举。——译者注

好好表现之后，他们才如愿以偿。

1690 年，东印度公司在孟加拉的业务主管约伯·查诺克（Job Charnock）回到胡格利，选择了一个新的定居点。查诺克选择的地方位于胡格利河的东岸，附近有几个村庄。这个选择几乎没有支持者。在殖民地建立后不久，亚历山大·汉密尔顿船长写道："为了一棵绿荫如盖的大树……在整条河上，他不可能找到比这里更不健康的地方了。"汉密尔顿指出，虽然到了 1692 年人口已经增加到 1 000 人左右，但是已经有 460 人死亡，其中包括查诺克本人。这个被他的士兵命名为"各各他"的地方后来成了英属印度首府加尔各答的所在地。

孟加拉被奥朗则布称为"万国乐园"，是印度最富有的省份，也是亚洲出口到欧洲的最重要的唯一的商品供应地。1657 年，在游历了东印度之后，贝尼耶宣称，孟加拉的"富饶和美丽"远远超过埃及，而埃及在当时被认为是"世界上最美丽、最富饶的国家"。葡萄牙、荷兰和法国的公司也在胡格利河沿岸建立了贸易站。

像东印度公司的其他贸易站一样，查诺克所建立的贸易站的存续依赖于当地统治者的善意。到了 18 世纪早期，人们已经很明显地认识到，善意并不能确保安全。为了确保贸易站的安全，英国军官们指挥着主要由当地训练的士兵或印度土兵组成的小部队。维持这些部队的成本很高，需要财政收入，这意味着要建立一个行政机构来收税，这反过来又需要法院和司法系统。就这样，一个贸易帝国逐渐具备了国家的属性。

1716 年的新年前夜，虚弱的莫卧儿皇帝法鲁赫·希亚尔

17 世纪早期的加尔各答。它是世界上最大的城市群之一，拥有 1 500 万人口。

（Farrukh Siyar）终于在胁迫下颁布了御令，授予东印度公司完全的贸易权。这条御令被称为“东印度公司的大宪章”，董事们称赞它给予了公司“其他任何欧洲国家不曾享有的恩惠”。东印度公司现在通过与皇帝的直接关系进入了印度莫卧儿帝国的政治等级结构。半个世纪后，克莱武利用这条御令推翻了孟加拉的总督。

东印度公司的主要挑战者是 1664 年成立的法国印度公司，后者的主要定居点有两个：一个是本地治里（Pondicherry），从马德拉斯向南航行一天即可到达；另一个是加尔各答以北约 24 千米的昌德纳戈尔（Chandernagore）。在 18 世纪的大部分时间里，英法在欧洲大陆的竞争都是通过各自在印度的贸易公司进行的。奥地利王位继承战争（1740—1748）和七年战争（1756—1763）与南印度各邦从莫卧儿帝国统治下独立出来的权力斗争发生在同一时期，这让两家公司都有机会从政治和军事上干预印度的内政。

这一政策的设计者是约瑟夫 - 弗朗索瓦·杜普雷（Joseph-François Dupleix，1697—1763）。英国学者劳伦斯·詹姆斯（Lawrence James）将杜普雷描述为“一个充满活力的人，他集野心、贪婪、仇英和好战于一身”，将成为克莱武的主要对手。1742 年，他从昌德纳戈尔调任科罗曼德尔海岸法属领地的总督。1745 年，当英国舰队威胁本地治里时，他向卡纳蒂克（Carnatic）的总督寻求保护。卡纳蒂克是马德拉斯以北的一个独立国家，首都在阿尔果德（Arcot）。虽然英国最终并没有对本地治里发动攻击，但这一事件改变了游戏规则。正如杜普雷最早的传记作家之一托马斯·麦考莱所写的那样，这位法国人意识到“在莫卧儿帝国的废墟上建立一个欧洲帝国是可能的”。

有利的贸易权只是决定东印度公司在印度的命运的因素之一。在与相互敌对的王国的战争中，当地统治者越来越多地寻求英法两国的支持，并承诺以领土作为酬谢。欧洲人从这些领土上获得的收入将被用于支持他们各自的军队。即使在没有正式开战的情况下，英法两国也支持相互冲突的印度王公代表它们发动代理人战争。

当地统治者很快就认识到了这种支持的好处。英国人和法国人领导的军队训练有素，采用欧洲的攻防方法，一小支队伍就可以完成曾经庞大的印度军队需要几个月甚至几年才能完成的任务。在改变南亚战争格局方面，来自美国、爱尔兰、英国、法国、瑞士、波兰甚至亚美尼亚的高薪雇佣兵发挥了关键作用。

克莱武和殖民传奇的诞生

第一个以领土为报酬让欧洲人指挥其军队的印度统治者是海得拉巴的尼扎姆（Nizam）的孙子穆扎法尔·姜格（Muzaffar Jung，卒于1751年）。1748年，尼扎姆乌勒－穆勒克（Nizam ul-Mulk）去世，引发了长达四年的继承危机，六个儿子和一个孙子争夺南印度这个最富有、最强大的邦的宝座。1750年，在法国领导的军队击败对手纳西尔·姜格（Nasir Jung，1712—1750）之后，穆扎法尔在本地治里举行的一场精心准备的仪式上被宣布为新的尼扎姆。杜普雷选择本地治里而不是海得拉巴，这个选择意味深长。他想提醒伊斯兰世界，权力已经从德干总督手中转移到了法国人手中。作为回报，穆扎法尔宣布杜普雷为从克里希纳河到科摩林角（Cape Comorin）的整个南印度的总督。这个法国人现在以几乎绝对的权力统治着3 000万人。

德里的莫卧儿皇帝从未承认穆扎法尔的统治，穆扎法尔在位仅六周就在一次伏击中被杀。但他的做法开创了一个将永远改变印度政治版图的先例。从现在起，印度统治者如果想要在英国人领导的军队的帮助下维持权力，就不得不出卖大片领土，并支付驻扎在他们国家的军队的费用，因为这些军队表面上是在帮助他们防止内忧外患。一位英国“特派代表”驻守在他们的首都，在王室婚姻和继承等问题上拥有最终决定权。由于无法推行独立的外交和军事政策，这些印度统治者发现自己只是伦敦的帝国缔造者的代理人。

杜普雷的冒险主义导致了他的失败。1754 年，法国海军司令夏尔·罗贝尔·戈德赫·德·扎蒙（Charles Robert Godeheu de Zaimont）解除了他的职务，扎蒙被派往印度修复与英国的关系。这给克莱武创造了机会，而在此之前，他已经在公司里迅速晋升，并成为一名军事战略家和杰出的领导者。

“印度克莱武”的传奇最早产生于 1751 年克莱武攻打阿尔果德期间。阿尔果德拥有 10 万人口，是马德拉斯北部沿海地区卡纳蒂克的首府，当时由乌勒·穆勒克尼扎姆的下属安瓦尔－乌德－丁（Anwar-ud-Din）统治。当此人在 1749 年的战斗中被杀后，法国人支持了他们自己的傀儡昌达·萨希布（Chanda Sahib，卒于 1752 年）成为新的总督。为了避免法国人及其在卡纳蒂克的傀儡统治者包围马德拉斯，克莱武提议进攻阿尔果德。克莱武率领 200 名欧洲士兵和 300 名印度士兵，成功占领了阿尔果德的要塞。在 150 名法国士兵的帮助下，昌达·萨希布的儿子指挥的部队包围了要塞，并使用重型火炮轰击英国人的阵地。虽然损失了近一半的兵力，克莱武还是抵挡了法印联军 53 天，直到马德拉斯的援军赶到。

就像后来的贾拉拉巴德（Jalalabad）、勒克瑙（Lucknow）和吉德拉尔（Chitral）的捍卫者一样，克莱武等人体现了“不列颠民族的顽强不屈和坚定勇气”，詹姆斯热情地说：“那些守卫城墙的人被认为是秩序和文明的捍卫者，他们的据点是防波堤，而周围汹涌着混乱和野蛮的海水。”正如马德拉斯总督托马斯·桑德斯

（Thomas Saunders）向伦敦的董事们宣布的那样，阿尔果德战役已经暴露了印度人的弱点：“可以肯定的是，任何一个欧洲国家如果决心以一定的力量对他们开战，都可能会占领整个国家。”

1753 年，克莱武前往英国，两年后返回印度，担任马德拉斯南部库达洛尔（Cuddalore）圣大卫堡（Fort St David）的副总督。这一次，法国人和英国人得以和平相处，但这种虚假的平静即将被打破。1756 年 8 月 16 日，消息传到马德拉斯，加尔各答落入孟加拉总督的军队之手，100 多名英国囚犯死在一个被称为“黑洞”的小牢房里。

当时加尔各答已经发展成为一个繁荣的港口，人口约 40 万，其中只有一小部分是英国人。这座城市远远超过了附近属于法国、荷兰和丹麦的贸易站。欧洲商人和纳瓦布阿里瓦尔迪·汗（Alivardi Khan，1671—1756）之间的关系是友好互利的。这位总督死于 1756 年，适逢七年战争爆发。英国和法国的公司董事们对来自欧洲的消息做出反应，各自下令加强驻军。

阿里瓦尔迪·汗的继任者西拉杰－乌德－达乌拉（Siraj-ud-Daula，1733—1757）对这些加强的防御工事感到不安，他认为这些工事对他的权力构成了威胁，并下令停止建造。法国人答应了，但英国人忽视了他的要求。当西拉杰－乌德－达乌拉的特使去谈判如何结束僵局时，这位特使被一名英国军官扇了耳光，并被赶了出来。据说，在特使返回自己的首都穆尔西达巴德（Murshidabad）之后，他告诉西拉杰－乌德－达乌拉说：“面对统治者的命令，几个还没有学会洗屁股的商人竟敢驱逐他的使者，我们还有什么颜面呢？”西拉杰－乌德－达乌拉敦促英国人“像商人一样守规矩”的最后呼吁失败后，他集结了一支庞大的军队，准备向南进军加尔各答。

虽然有很多关于西拉杰－乌德－达乌拉要发动进攻的警告，加尔各答的守军还是狂妄自大，几乎没有为防守做任何准备。军官们希望拆除威廉堡（Fort William）附近的房屋，以便获得更好的火力效果，但房主们拒绝了，因为他们认为自己永远不会得到补偿。到了 1756 年 6 月 16 日，西拉杰－乌德－达乌拉的部队到达了达姆达姆（Dum Dum），也就是今天的加尔各答国际机场所在地，威廉堡内一片慌乱，2 500 名主要是英国人的居民在那里避难。当敌军士兵逼近时，人们急忙逃上停泊在河中的 20 多艘船。这个城市的总督罗杰·德雷克（Roger Drake）也在逃亡者之列。

几小时内，总督的人就控制了威廉堡，但他们没有杀死剩余的守军，而是将他们包围了起来。西拉杰－乌德－达乌拉向他们保证“不伤他们毫发”。但是当一个醉酒的英国水手开枪打死一个掠夺他们贵重物品的莫卧儿士兵后，气氛发生了变化。所有的幸存者都被赶到了堡垒狭小的囚室里，这个囚室只有 4.3 米 × 5.5 米，只有一扇小窗户，几乎没有水。

“悲惨的死亡”

关于“黑洞”的传说在很大程度上要归功于守军的英国指挥官约西亚·霍尔韦尔（Josiah Holwell，1711—1798）对这一事件的描述。据他说，当囚室的门在 10 个小时后的早上 6 点被打开时，里面堆满了尸体，只有 23 名囚犯还活着。他将这一段经历称为“我不想描述的恐怖之夜，因为当时的恐怖让人无法描述”。第二年回到英国后，他出版了《关于英国绅士和其他人在黑洞中窒息而死的悲惨事件的真实叙述》。最近的估计显示，实际被囚禁的只有 43 人。西拉杰 - 乌德 - 达乌拉并没有下令把他们关进“黑洞”，他直到后来才知道这件事。

最成功的一笔交易

在英国政策制定者的心目中，“黑洞”将成为印度人野蛮的象征，并成为加强英国统治的理由。在短期内，这场暴行将成为夺回加尔各答和孟加拉其他地区的战斗口号。1757 年 1 月，一支英国海军轻而易举地占领了加尔各答。但克莱武没有返回马德拉斯，而是继续前进，占领了法国在昌德纳戈尔的贸易站，让英国人控制了该地区。决定性的普拉西战役（Battle of Plassey）即将打响。

大多数历史学家认为普拉西战役只是一场小冲突。早上的炮击过后，一场倾盆大雨使总督的大部分弹药无法使用，而英国人则用防水布保护了他们的弹药。一名英国军官的过度热情引发了一场自发的进攻，克莱武的部队最终取得了胜利。在名义上，800 名欧洲人和 2 000 名当地士兵击溃了 5 万人的敌军，但实际上，西拉杰 - 乌德 - 达乌拉毫无胜算。想要摆脱纳瓦布的商人和贵族得到了总司令米尔·贾法尔（Mir Jafar，约1691—约1765）的支持，而贾法尔在需要他的士兵上阵时却按兵不动。为共谋者提供资金的是孟加拉最大的金融家贾加特·塞斯家族（Jagat Seths），他对西拉杰-乌德-达乌拉为贸易繁荣提供所需的安全保障的能力失去了信心。这些人的参与使英国历史学家尼克·罗宾斯（Nick Robins）称普拉西战役“与其说是一场真正的战役，不如说是一场商业交易”。普拉西战役与其说是在印度建立大英帝国的第一步，不如说是“东印度公司最成功的一笔交易”。

克莱武奖励贾法尔担任孟加拉总督，虽然他实际上是一个傀儡。西拉杰-乌德-达乌拉在他的首府穆尔西达巴德附近被追上并被杀死。年仅32岁的克莱武发现自己成了孟加拉的征服者——而且是一个非常富有的征服者。虽然伦敦方面严格要求克莱武在击退法国人进攻的同时不要与当地统治者产生冲突，但是克莱武还是把事情掌握在自己手中，他看到了个人致富的机会，也看到了实现公司的政治和经济利益的机会。他一举为公司净赚250万英镑，为自己净赚23.4万英镑，成为英国最富有的人之一。

克莱武在1760年以英雄的身份回到英国，留下了“黑洞”幸存者约西亚·霍尔韦尔作为他的继任者。由于急于利用贾法尔的儿子死后出现的潜在继承危机，霍尔韦尔想接手孟加拉的统治权。这遭到了公司董事们的反对，他们决定让贾法尔的女婿米尔·卡西姆（Mir Qasim，卒于1777年）成为新的统治者。当贾法尔试图抵制这一举动时，他被废黜了。

英国人很快就后悔支持卡西姆了。新上任的纳瓦布解雇了涉嫌与东印度公司勾结的地方官员，增加了税收要求，骚扰英国的航运，并开始在两名基督徒雇佣兵的帮助下按照欧洲的方式重组军队，这两个人一位是来自阿尔萨斯的沃尔特·莱因哈特（Walter Reinhardt），另一位是亚美尼亚人霍贾·格雷戈里（Khoja Gregory）。在收到卡西姆在巴特那杀害了公司职员和他们的印度盟友的报告后，东印度公司在加尔各答的委员会于1763年7月4日正式向他宣战，并发誓让贾法尔重新登上总督的宝座。

为了挽回普拉西战役的损失，恢复孟加拉的独立，米尔·卡西姆在莫卧儿皇帝沙·阿拉姆二世（Shah Alam II，1728—1806）和阿瓦德的总督舒亚－乌德－道拉（Shuja-ud-Daula）之间建立了联盟。1761年，艾哈迈德·沙·杜拉尼（Ahmad Shah Durrani）领导的阿富汗军队在德里北部帕尼帕特的决定性战役中击败了马拉塔人，沙·阿拉姆二世在德里重新登上了宝座。他向英国人示好，让英国人支持他，作为回报，东印度公司将获得孟加拉的财政管理权（*diwani*）。在遭到英国人的拒绝后，他转而与米尔·卡西姆结盟。

当莫卧儿帝国的三支军队联合起来开始向加尔各答进军时，赫克托·门罗（Hector Munro）少校指挥的印度土兵骑马出来迎战。为了确保英军方面不会有逃兵，那些拒绝服从命令的印度土兵"胳膊被绑在大炮上，肚子贴在炮口上，然后在吓得瑟瑟发抖的战友面前开火"。这是东印度公司历史上第二次与莫卧儿军队作战。布克萨尔战役（Battle of Buxar）见证了莫卧儿帝国三支大军的失败，使东印度公司成为印度东北部的主导力量。英国历史学家约翰·凯伊写道："在布克萨尔战役中，莫卧儿帝国在印度北部

艺术家本杰明·韦斯特（Benjamin West）于1818年创作的巨幅油画，描绘的是沙·阿拉姆二世将一份纸卷交给了罗伯特·克莱武，将孟加拉、比哈尔和奥里萨的征税权授予了东印度公司。

仅存的势力都被粉碎了。”因此，这“可能是英国在南亚打过的最重要的一场战役”。

在克莱武在阿拉哈巴德的帐篷里举行的羞辱性的仪式上，沙·阿拉姆二世将孟加拉的财政管理权，即代表皇帝从东部省份孟加拉、比哈尔和奥里萨征税权，授予东印度公司。这个曾经的“外国商人”公司正在转变成一个资本主义殖民国家，可以制定法律、执行司法、评估税收、发动战争和媾和。它成为第一家可以铸造硬币的贸易公司，将其储备的金条货币化，使其更容易进行贸易。

1767—1769年，东印度公司获得财政管理权的消息使该公司股价飙升。但这些美好的时光转瞬即逝。该公司只对其股东负责，对其现在所统治地区的公正治理没有任何兴趣。1769 年，该来的季风却没有到来，这严重影响了孟加拉和比哈尔的水稻作物生长，导致一些地方的大米价格上涨了五倍。数百万人处于饥饿的边缘。到 1770 年 6 月，有消息称村民以尸体为食。东印度公司没有采取任何措施来囤积剩余粮食。相反，它的官员被指控通过囤积粮食和控制分销来牟取巨额利润。正如英国作家迈克尔·爱德华兹（Michael Edwards）简洁地描述的那样："对黄金的贪欲刺激了英国人，在被英国人榨干最后一滴血之前，孟加拉是不会得到和平的。"

随着饥荒的恶化，东印度公司的土地收入急剧下降，公司的董事们不得不向英国政府申请 140 万英镑的救助资金，以避免破产。东印度公司对英国经济如此重要，以至于救助请求导致了英国股市崩盘。由于英国议会 40% 的议员持有东印度公司的股票，纾困方案毫无疑问会出台，但代价很高。《调整法案》（Regulating Act）将东印度公司置于政府监管之下。一个由议会任命并设在加尔各答的管理委员会负责公司的日常运营。东印度公司的利益和国家的利益现在交织在了一起。该法案标志着英国殖民统治印度的开始。

由于东印度公司继续获得领土，其管理被分为三个"管区"（presidency），分别是加尔各答、孟买和马德拉斯。《调整法案》的关键条款之一是设立了以加尔各答为总部的总督职位，总督被赋予管理孟买和马德拉斯管区的权力。第一任总督是沃伦·黑斯廷斯（Warren Hastings），一位有争议的人物。据一位历史学家说，黑斯廷斯最大的罪过是“他太爱印度了”。为了让公司承担责任，黑斯廷斯希望通过印度官员和政府制度来行使英国主权。司法将由印度法官来主持，有关土地所有权的问题将由印度官员来定夺。他的构想在当时过于激进，即使得以付诸实施，也会被他的继任者推翻。他最持久的遗产是鼓励学习印度历史和梵语等语言。在黑斯廷斯统治时期，威廉·琼斯和查尔斯·威尔金斯（Charles Wilkins）等东方学家做了开创性的工作，他们翻译了印度教史诗，并将梵语与印度–雅利安语系联系起来。虽然黑斯廷斯有慈善精神和理想主义，但是他仍然是一个在印度发财的欧洲人，他认为自己的主要工作是为公司、股东和他本人创造财富。在黑斯廷斯的统治下，东印度公司垄断了孟加拉的盐和鸦片生产，第一批鸦片无视长期以来的进口禁令被走私到中国。

当沃伦·黑斯廷斯在 1785 年回到英国时，他希望同僚们会欢迎他，因为他把东印度公司的事务打理得井井有条。但事实恰恰相反，他发现自己受到了议员的攻击，而最直言不讳批评该公司的是埃德蒙·伯克。对于这位盎格鲁–爱尔兰辉格党政治家来说，东印度公司是“地方行政长官的天下”，“既脱离了派遣他们的国家，也脱离了他们所在的国家”。黑斯廷斯从印度回来不到两年，伯克就让他遭到了弹劾。他被指控犯有 22 项罪名，包括勒索、贿赂、腐败和对罗希拉人（Rohillas）无端发动战争。经过长达 7 年的马拉松式弹劾审判，黑斯廷斯最终被宣告无罪。

接替沃伦·黑斯廷斯担任英印总督的是康沃利斯勋爵（Lord Cornwallis，1738—1835），在美国独立战争中，他曾在 1781 年率领英军在约克镇投降。康沃利斯与他的前任截然相反。作为一位对贸易非常厌恶的军人，他将东印度公司在印度的存在描述为“最肮脏的假公济私系统”。为了改革行政管理、杜绝腐败和裙带关系，他把公司的业务分成了商业和政治两部分。基于这样一种认识，即“我确信每一个印度人都是腐败的”，他将公司的员工都换成了欧洲人。他宣布：“从今以后，任何一个印度人都不能被任命为本公司的文职、军事或海事部门的员工。”

康沃利斯还试图通过固定大地主（zamindars）所要支付的税赋的量，将印度土地精英的命运与公司更加紧密地联系起来。此举也意味着可以促进农业生产，因为多收入的每一分钱都可以进入大地主的囊中。这些地主还负责向在自己土地上劳作的农民征税，而这在以前曾经是英国官员的繁重任务。公司事务中贸易的主导地位现在被它的行政分支篡夺了。

通往霸权之路

虽然布克萨尔战役确保了东印度公司对印度东部的控制，但从 18 世纪 60 年代开始，它在南亚次大陆西部和南部的利益面临着一系列威胁。最可怕的挑战来自迈索尔王国和马拉塔联盟。两者都使用法国武器，雇用法国军官，这使它们成为法国在印度势力的危险代理人。英国发动了四次战争才击败迈索尔王国，发动了三次战争击败了马拉塔人，最终于 1818 年在印度取得了霸主地位。

印度历史上的这一关键篇章始于 1761 年海德尔·阿里（Hyder

Ali，约 1720—约 1782）占领迈索尔王国。作为一位出色的战术家，阿里注定要成为东印度公司的眼中钉。他使用的火炮包括捆在骆驼身上的火炮，射程可达 2 000 米。他甚至还有一支小型海军，这支海军在不同时期由英国和荷兰雇佣兵指挥，包括几艘战舰和较小的运输船。作为一个目光远大的统治者，他建立了一家国有贸易公司，并鼓励投资者购买该公司的股票。他还探索在奥斯曼帝国和缅甸的佩古（Pegu）建立“贸易站”。

由于担心阿里会把目光转向马德拉斯，英军于 1767 年进攻迈索尔，但是被击退了。自一个世纪前约西亚·柴尔德对莫卧儿帝国发动的灾难性战役以来，这还是英军第一次被击败。1780 年，阿里与海得拉巴的尼扎姆联手，对马德拉斯郊区发动了闪电袭击，“包围了许多住在乡下房子里的英国绅士，他们勉强逃脱了”。与此同时，阿里的儿子提普苏丹（Tipu Sultan，1751—1799）在今天的甘吉布勒姆附近的波利鲁尔（Polilur）与英军交战。率领一支由英国士兵和印度土兵组成的分遣队的 86 名英国军官中，几乎有一半阵亡，一起阵亡的还有 280 名英国普通士兵和 1 700 名印度土兵。这是英国在印度遭遇的最惨重的失败。

波利鲁尔战役的失利与英军在约克镇的惨败同时发生，这在英国引起了广泛的恐慌。反对帝国主义政策的辉格党人霍勒斯·沃波尔（Horace Walpole）预言：“印度和美国都要跑掉了。”一名公司高级军官警告议员，英国在印度的立足点“虚幻多于真实”。如果有更多像波利鲁尔战役这样的失败，印度人“很快就会发现，我们只是和他们一样的人，或者好不到哪里去”。这些担忧并非毫无根据。英国在第二次英迈战争中失利后，每五个驻扎在印度的英国士兵中就有一个成了印度人的俘虏。被迫行割礼、被奴役和受酷刑的故事激怒了英国公众。

1782 年 12 月，阿里去世，提普成为迈索尔无可争议的统治者。在提普死后很长一段时间里，他依然被英国的戏剧、漫画和其他媒体诋毁，被塑造成一个“狭隘的偏执狂”和狂热的穆斯林暴君——他致力于迫害基督徒，要将欧洲人赶出南亚次大陆。如果对他的政策进行更细致的解读，我们可以发现他是一位认识到贸易和治理的重要性的社会改革家。在他的统治下，饮酒、卖淫和奴役女性被禁止，一妻多夫制也被禁止。所有这些对英国人来说都无关紧要。在经历了两次屈辱性的失败后，摧毁迈索尔已经成为英国人的执念。

康沃利斯在抵达印度三年后才开始为英国报仇雪耻，但一旦他盯上了“迈索尔之虎”，开弓便没有回头箭。1789 年，在马拉塔人和海得拉巴军队的支持下，他包围了提普的首都、东南部的塞林伽巴丹（Seringapatam）。在坚持了将近一年之后，提普苏丹被迫接受了一系列屈辱的条约，包括八位数的赔款和割让几乎一半的领土，这些领土由英国及其盟友瓜分。

在击败提普苏丹后，一个木质自动机械被带到伦敦，安装在东印度公司总部，自动机械表现的是一只接近实际大小的老虎正在吃一名英国士兵。它由印度工匠、法国玩具制造商和荷兰风琴制造商共同制作，是提普苏丹最喜欢的玩

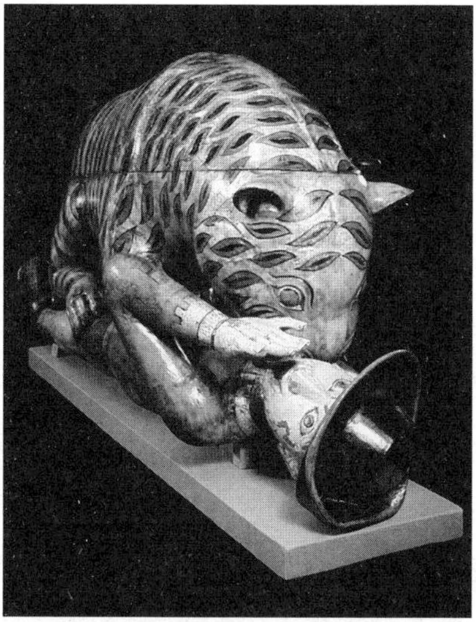

提普的老虎

具。当转动老虎身上的曲柄时，老虎会发出低沉的吼声，同时英国士兵则会挥舞手臂哀号。与老虎和英国人有关的提普苏丹的暴力故事，增加了这个自动机械的恶名，它成为新成立的东印度博物馆的核心展品。

提普苏丹的失败并没有阻止法国人在印度影响力的日益增强。海得拉巴的尼扎姆和在浦那（Pune）的马拉塔的佩什瓦（Peshwa）[①] 已经倒戈，开始雇用法国雇佣兵来训练他们的士兵。

① 佩什瓦，马拉塔联盟的官名，相当于马拉塔国王的首相。——译者注

在欧洲，英国和法国之间再次开战。

第四次也是最后一次迈索尔战争是由理查德·韦尔斯利（Richard Wellesley，1760—1842）发动的，他是一个毫不妥协的帝国缔造者，可以说他在确立英国在印度的霸权方面比克莱武做得更多。在发现提普苏丹在与印度洋波旁岛上的法国人暗通款曲后，英国人决定宣战。1797 年，据说驻扎在塞林伽巴丹的 50 多名法国士兵成立了一个雅各宾俱乐部，并宣扬人权——最近的研究认为这完全是英国的宣传。拿破仑·波拿巴意图入侵埃及的消息引发了人们的担忧，人们担心这位法国统治者可能会利用埃及作为入侵印度的跳板，而印度当地统治者则可能默许拿破仑的做法。虽然纳尔逊于 1798 年 8 月在阿布基尔湾（Abukir Bay）击溃了法国舰队，消除了这一威胁，但这并没有阻止韦尔斯利向塞林伽巴丹进军。

经过一个月的围攻，在海得拉巴的尼扎姆士兵的帮助下，2.4 万名英国士兵成功地攻占了这座城市。当提普余温尚存的尸体被发现时，他的镶有珠宝的剑带已经被洗劫一空。正如韦尔斯利后来回忆的那样，战利品太多了，“每个士兵都不得不扔掉一部分来减轻自己的负担”。在提普的宫殿里，士兵们发现了三只活老虎和一只机械老虎。

提普死后，马拉塔人成为韦尔斯利的帝国建设计划的最后一道障碍。他们以前还能形成强大的统一战线，但是他们再也没有从在帕尼帕特被阿富汗军队击败的打击中恢复过来。虽然他们有时分裂成相互对立的王国，其中最强大的是印多尔（Indore）的霍尔卡（Holkar）、瓜廖尔的信地亚（Scindia）、巴罗达（Baroda）的盖克瓦德（Gaekwad）和那格浦尔（Nagpur）的朋斯勒（Bhonsle），但他们仍然有能力对南亚次大陆的大部分地区进行军事干预。他们雇用法国雇佣兵作为军事顾问，这坚定了韦尔斯利彻底击败他们的决心。

1803 年，韦尔斯利和他的政治代理人约翰·马尔科姆（John Malcolm，1769—1833）从斯里兰贾帕特南（Srirangapatnam）向浦那进军。一路之上，他们在当地首领中寻求盟友，最终带着 4 万名士兵抵达了浦那。在不战便拿下浦那之后，他们在印度北部展开了一场猫捉老鼠的战役，追捕信地亚、霍尔卡和朋斯勒的势力，并在此过程中占领了德里。沙贾汗委托建造的镶满钻石和珠宝的孔雀王座上，坐着衰老而且失明的沙·阿拉姆二世（1728—1806），一个有名无实的皇帝。沙·阿拉姆二世当时已经十分虚弱，韦尔斯利决定让他寿终正寝，因为这样做比废黜他更加明智。1806 年，沙·阿拉姆二世去世，韦尔斯利允许他的儿子阿克巴·沙（Akbar Shah）继承他的皇位，但在接下来的 50 年里，莫卧儿帝国首都的实权仍被牢牢掌握在英国的特派代表手中，他们负责监督政府的方方面面。

占领德里，随后与信地亚、霍尔卡和朋斯勒签订了和平条约，使东印度公司成为印度最强大的势力。但马拉塔人被证明是十分顽强的敌人。忠于瓜廖尔统治者的士兵继续骚扰英国军队，使韦尔斯利要求更多的资金来支持他的战争机器。东印度公司的董事们认为，韦尔斯利的领土野心与他作为一家贸易公司的负责人的身份不相称，因此拒绝了他。当首相威廉·皮特指责他的行为“鲁莽和非法”时，他辞职了。

第三次也是最后一次英国－马拉塔战争不同于英国以前在印度参与的任何一场战争。这次英国的主要敌人是由马拉塔统治者招募的平达里（Pindari）马贼。他们骑在马背上，手持长矛，在印度中部的乡村肆虐，靠掠夺村庄为生，并对公司的前哨发动袭击。此外，还有阿富汗的劫掠者。为了镇压这两大祸害，1817 年，东印度公司开始集结印度有史以来规模最大的军队——11 万人，其中包括印度盟友借给他们的 2 万名非正规士兵。平达里马贼分散在数千平方千米的人迹罕至的土地上进行活动，是一群行踪难测的敌人。正如马尔科姆抱怨的那样：“他们没有一个固定的攻击地点，他们的主要优势是神出鬼没。”在英国人持续的猛攻下，大部分平达里马贼和阿富汗劫掠者都消失了。虽然他们后来又以拦路强盗的身份重新出现，但是作为一支战斗力量，他们不再像以前那样具有威胁了。就这样，马拉塔的统治者一个接一个地屈服于英国的霸权。

1818 年是英国在印度霸权开始的标志之年，但正如英国印度学家乔恩·威尔逊（Jon Wilson）所写的那样，这是“一个逗号，而不是一个句号，是一个中断的时刻，而不是一个过程的终止”。英属印度的和平永远是一场暴力的事业。“印度领导人对英国金钱和暴力的屈服是不情愿的、不安分的、有条件的，”威尔逊继续说，“击败马拉塔人并不意味着征服。”

第七章

点燃导火索

印度历史上很少有事件像1857年起义那样被分析和辩论，被浪漫化和妖魔化。在不同的人那里，这场1857年5月10日始于密鲁特（Meerut）的印度土兵起义有不同的叫法：印度第一次独立战争、大起义、印度土兵叛乱，或被简单地称为印度人起义。然而，这些叫法都没有反映一系列事件的真实性质，这些事件最终导致莫卧儿帝国的最后一位皇帝巴哈杜尔·沙·扎法尔（Bahadur Shah Zafar，1775—1862）被废黜，并被驱逐出德里，也导致了东印度公司统治终结以及维多利亚女王（1819—1901）被加冕为印度的女皇。第一次反对英国统治的大规模起义是一个巨大的失败，双方都犯下了可怕的暴行。它将重新设定英国与其“皇冠上的宝石”之间的关系。它还将强化那些希望对印度采取更强军事和行政控制的人的论点，同时激励了那些争取独立的印度民族主义者。

1857—1858年的社会动荡引发了许多问题。叛乱的真正原因是什么？为什么它主要局限在北部——德里、联合省、印度中部和比哈尔邦的部分地区——而不是整个印度？许多群体——锡克教徒、马拉塔人、拉其普特人和廓尔喀人（Gurkhas）——都对英国人有合理的不满，但他们并没有参与其中。如果它是“反殖民”的，为什么它没有影响到那些殖民化氛围最强烈的城市，比如加尔各答？大部分印度王公保持中立，甚至出兵帮忙镇压起义。

部分是军事反叛，部分是农民起义，部分是“圣战”，这场行动持续了一年多，但从一开始就缺乏团结和目标。虽然起义的印度土兵得到了巴哈杜尔·沙的支持，他成了印度教信徒和穆斯林名义上的领袖，但他只能给予道义上的支持。事实上，起义者把他们的信仰寄托在一个已不复存在的莫卧儿帝国的合法性象征上，这使起义的保守性一目了然。如果它成功了，任何取代东印度公司统治的政权或政府制度是否会改善那些拿起武器的人的生活，这是值得怀疑的。那些利用这场动乱的王公只对重建旧的封建秩序感兴趣。这场起义的领导层分散而且分裂，并没有提出一以贯之的变革方案。但随之而来的变化是深刻的，将影响印度直到20世纪的历史进程。

火上浇油

1857年起义的深层原因在于18世纪末以来英国人对印度态度的演变。康沃利斯勋爵的改革实际上将印度人从所有的行政职位和法律岗位上驱逐出去，这影响了社会主流的观点，即应该用印度的法律来治理印度，印度的统治阶级应该受到尊重。这种影响在军队中尤为明显，在那里，印度士兵不可能晋升到军官的级别。英国军官与其下属的密切接触成为例外而非常态。印度士兵西塔·拉姆·潘德（Sita Ram Pande，约 1795—约 1873）在起义后回忆说，当他在 19 世纪前期参军时，英国的老爷们和他们的印度仆人和下属打成一片，“当我还是个印度士兵的时候，我们连队的队长会让一些人整天待在他家，他会和他们谈话……我知道现在许多军官只在迫不得已的时候才跟部下说话”。统治者与被统治者之间的疏远也延伸到了私人领域。在 18 世纪末，东印度公司三分之一的员工会把他们的部分财产留给他们的印度配偶（bibis）。但是，到了 19 世纪中期，几乎没有人这样做了。

在击败马拉塔人之后，英国的统治更加巩固，这增强了英国人的信心。作为南亚次大陆上的支配力量，英国人开始落实“教化”其臣民的使命。1813 年东印度公司特许状续期的条件之一是允许基督教传教士在印度传教。这赢得了反奴隶制活动家威廉·威尔伯福斯（William Wilberforce）的支持，他把将印度教信徒从“邪恶和残酷的偶像崇拜”中解放出来等同于废除奴隶贸易。沃伦·黑斯廷斯的建议淹没在当时的尖锐言辞中。在一个审查东印度公司章程的议会委员会面前，已经退休的黑斯廷斯做证三个小时。他的警告很明确：“有一种猜测已经传开了，有人打算把我们的宗教强加给当地人。在土著步兵中传播这样的观点可能会带来危险的后果。”他又补充说，事实上，这“可能会引发一场宗教战争”。

在 1828—1835 年担任总督的威廉·本廷克勋爵（Lord William

这类图片摘自1833年版的《便士杂志》(*Penny Magazine*)，强化了许多英国人这样一种看法，即印度是一片由迷信的异教徒居住的土地。

Bentinck，1774—1839）的领导下，改革的步伐大大加快。他坚信英国人“在印度有重大的道德责任”。他的首要任务是废除自焚殉夫（*sati*）的习俗，即妻子在丈夫死后的火葬柴堆上自焚（有时是违背她的意愿的）。这种习俗最早出现在笈多王朝时期，在拉其普特人和孟加拉人中特别普遍。1803—1804年，在加尔各答方圆50千米的范围内，就有300多起这样的事件。虽然普遍的看法是“印度教的仪式和迷信应该得到最无条件的宽容”，但这种习俗太过分了。在1807年成为总督的明托勋爵（Lord Minto，1751—

1814）的任内，殖民地官员试图规范这种做法，规定自焚殉夫时必须有一名警察在场，以确保没有强迫行为，并且自焚殉夫的寡妇必须满 16 岁，且不能怀有身孕。明托的继任者黑斯廷斯勋爵（与沃伦·黑斯廷斯并没有亲属关系）宣称这种习俗是“反人类的暴行”，但他认为废除这种做法是“危险的”，并有可能在军队中引起骚乱。本廷克发现自己在让“成百上千个无辜的受害者残酷且过早地死亡”和危及“大英帝国的安全”之间左右为难。他在阐述废除这一习俗的理由时指出，英国有足够的力量来抵抗对其统治的任何挑战，并且印度的大地主也会支持这样的行动。1829 年，孟加拉通过了禁止自焚殉夫的法律，不久之后孟买和马德拉斯也通过了同样的法律。

这些法律也得到了印度教改革者，如拉姆·摩罕·罗易（Ram Mohun Roy，1772—1833）的支持，他援引了一些案例，比如有些妇女被亲戚强迫上火葬堆，因为他们想要继承这些妇女的财产，有些妇女试图在“被亲属拉回去烧死”之前逃跑，但是没能成功。除了母语孟加拉语之外，罗易还精通英语、阿拉伯语、波斯语、希伯来语、希腊语、拉丁语和梵语。他倡导妇女权利，还请求政府限制农民向地主支付的租税的金额。虽然他出身于婆罗门阶层，但他对种姓制度持批判态度，他说：“这是我们缺乏团结的根源。”罗易在英国生活了三年，所有遇到他的人都对他印象深刻，包括哲学家杰里米·边沁（Jeremy Bentham），他希望罗易能够担任下议院议员。

像罗易这样的精英只是极少数。19 世纪初的印度社会仍以农

拉姆·摩罕·罗易被称为现代印度之父，他是第一个倡导通过宪法手段争取国家自由的受过教育的印度人。

民为主，70% 以上的人口从事农业，平均预期寿命在 26 岁左右。但史学也在改变我们对莫卧儿帝国解体后印度的看法。传统上认为 18 世纪的印度是“腐败、混乱、贪婪和暴力的”，但新的研究表明这一时期印度的特点是经济增长、城市化和商业化，尤其是在更有活力的北部地区。印度的家庭比欧洲的家庭小，这主要是由于杀害女婴、儿童死亡率高和童婚导致妇女过早丧夫。1822 年对加尔各答、达卡（Dacca）和阿拉哈巴德等城市的调查发现，家庭平均规模在 3.5 人到 4.1 人。相比之下，英国当时家庭的平均规模为 4.75 人。然而，在 19 世纪早期，印度女性的悲惨境遇从未被怀疑过。孟加拉社会改革家伊斯瓦尔·钱德拉·维迪耶萨伽尔（Ishwar Chandra Vidyasagar）哀叹道：“在这样一个社会里，男人没有怜悯心，没有宗教信仰，没有正义感，没有善恶意识，只有习俗被认为是主要的活动和最高的信仰，那么就不要再让女孩出生了。”

本廷克的文明化热情延伸到了教育领域，东方学家主张用梵语和波斯语等古典语言来学习传统，而盎格鲁派则希望用英语来推广西学，这引发了一场争论。后一种观点认为，如果印度人想要研究《薄伽梵歌》，他们可以从英译本中获得和梵文原文一样多的东西。这种分歧并不以种族为界限。罗易是支持盎格鲁派的人之一，他认为现代教育是“打开现代西方科学和民主思想宝库的钥匙”。

托马斯·巴宾顿·麦考莱（1800—1859）最终解决了这个问题，他是一位福音传教士的儿子，成为本廷克政府第一位负责法律的成员。麦考莱宣称，印度古老的语言“既不包含文学信息，也不包含科学信息，而且是如此贫乏和粗陋，除非它们从其他方面得到丰富，否则人们很难将任何有价值的作品翻译成这些语言”。这反映了他对欧洲文化和科学的优越性的功利主义信仰。他的目标是创造“一个在肤色和血统上都是印度人，但在品位、观点、道德和智力上都是英国人的阶级”。麦考莱曾说过一句著名的话：任何一位东方学家“也不能否认这样一个事实：一家优秀的欧洲图书馆的一个书架抵得上印度和阿拉伯的全部本土文献”。

麦考莱今天所遭受的批评，至少在一定程度上被他为印度制定统一刑法和设计公务员制度时的热情抵消。印度教和伊斯兰教的法律体系经常相互矛盾，它们与东印度公司的规章制度一起运作，造成了法律上的困境，康沃利斯坚持不让印度人主持法庭，这使情况变得更加糟糕。麦考莱的新刑法将死刑限制在谋杀和叛国罪上。为了使现有法律统一，该法典规定了妇女的财产权，这比类似法律在英国生效早了近半个世纪。如今，缓慢得令人沮丧但拥有令人惊讶的弹性的印度官僚机构之所以能够长期延续下来，应该归功于麦考莱设计的框架。如果没有它，印度可能无法作为一个国家在分治的创伤后幸存下来。

麦考莱谈教育："我们将用公共开支支持那些会让英国兽医蒙羞的医学理论，那些会让英国寄宿学校里的女生们发笑的天文学，那些内容满是30英尺（约合9.14米）高、统治3万年之久的国王的历史，以及那些由糖浆海和黄油海组成的地理。"

传教士的涌入增加了在印度的与东印度公司或其各种军队无关的欧洲人的人数，虽然这个数字仍然很小——"非官方人员"从1830年的约2 150人增加到1850年的1万人。来自欧洲的专业人士包括殡仪业者、动物标本剥制师（为打猎时捕获的猎物制作标本）、酿酒师和台球桌制造商。男性人数远远超过女性，这就产生了所谓的"钓鱼船队"——成千上万的英国年轻女性乘船前往印度，不顾一切地寻找一个"年薪300英镑（英属印度政府低级官员的平均年薪）的男人，无论这个男人是死是活"。

本廷克失望地结束了他在印度的任期。他提出的让印度人担任公司高级职位的建议从未得到伦敦董事们的认同。他还试图将印度法官的工资提高 10 倍，但是公司仅仅为他们提高了 4 倍。他的改革也没有压制公司内部鹰派日益强硬的声音。前德里特派代表查尔斯·梅特卡夫爵士（Sir Charles Metcalfe，1785—1846）在 1820 年写道："我厌恶发动战争，厌恶为了我们的扩张而干涉其他国家，但是对于强加于我们的战争或不可避免卷入的战争，如果可行的话，应该通过战争获得新的资源并将其转化为利润，以支付额外的部队来保卫我们所拥有的一切，并在未来不可避免的战争中继续扩大我们的领土。"

当英国陷入第一次阿富汗战争时，这种态度产生了事与愿违的危险后果。这场战争被作家詹姆斯·莫里斯（James Morris）描述为"在整整一个世纪后日本于'二战'期间入侵马来亚和占领新加坡之前，英国在东方遭遇的最严重的灾难"。这场战争的起因是帕默斯顿勋爵（Lord Palmerston）担心俄国觊觎印度。这位英国首相担心阿富汗统治者多斯特·穆罕默德（Dost Mohammad，1793—1863）过于倾向于俄国，担心他会对沙皇军队沿着开伯尔隘口入侵印度睁一只眼闭一只眼。俄国和英国在中亚争夺势力范围，这场大博弈的第一次主要冲突以反对英国占领的大规模起义与阿富汗部落对撤退的英国军队和数百名平民的大规模屠杀而告终。虽然得到了可以安全通行的承诺，在从喀布尔出发的途中，数千名英国士兵和印度土兵以及妇女和儿童遭到屠杀。这场撤退中唯一的幸存者是陆军医疗队的医生威廉·布莱登（William Brydon，1811—1873），他骑着他那匹行将倒地的马无意中闯入了贾拉拉巴德的英国堡垒。在之后的几天里，人们点燃了篝火，吹

伊丽莎白·巴特勒夫人（Lady Elizabeth Butler）的画作《残兵败将》（Remnants of an Army）描绘了威廉·布莱登医生到达贾拉拉巴德堡垒的情景，这幅画于1879年首次在伦敦皇家学院展出。

响了军号来吸引幸存者，但一个人也没有来。

更加成功但同样残忍的是1843年英国吞并信德。在1845—1849年与锡克教徒进行了两场短暂的战争后，英国将旁遮普和克什米尔纳入帝国版图。根据1849年签署的《拉合尔最终条约》（Last Treaty of Lahore），年幼的锡克大君达立普·辛格（Duleep Singh，1838—1893）被迫将钻石“光明之山”送给英国女王。约翰·劳伦斯（John Lawrence）是接管旁遮普行政的三名英国官员之一，他竟然忘记了把这颗钻石放在了哪里，后来他的贴身男仆找到了钻石，并将其交给了新任总督达尔豪西勋爵（Lord Dalhousie，1812—1860），勋爵将这颗钻石从拉合尔送到了孟买。1850年7月，当维多利亚女王在白金汉宫收到这颗钻石时，她并不以为然，她在日记中写道："它没有镶嵌珐琅，而且切割得很糟糕，破坏了效果。" 这颗钻石会带来厄运的恶名——它的几位主人在拥有它后不久要么去世了，要么失去了王位——可能挫伤了维多利亚女王的热情。女王的反应让达尔豪西勋爵十分愤怒，他后来写道："如果女王认为这颗钻石会带来坏运气，就让她把它还给我吧。我不怕它会带来厄运。"

对于达尔豪西作为总督留下的遗产，人们意见不一。他为印度带来了铁路，启动了一系列必要的灌溉项目，并在全国各地铺设了数千千米的电报线路。在一些人看来，他的九年任期让他成为最成功的行政官员之一。在他的领导下，新法律被引入，寡妇被允许再婚，印度教信徒皈依基督教后可以保留继承权，不同种姓的人可以坐在同一节火车车厢里。但是，无论这些改革的意图多么高尚，它们都公然违反了印度教的宗教和种姓习俗。

然而，达尔豪西最具争议的遗产是援引"无嗣失权"（Doctrine of lapse）原则，这是一项自 1841 年以来就存在于纸面上但从未实施过的政策。根据这一原则，英国作为至高无上的权威，印度的土邦主如果明显无生育能力或无男性继承人，土邦的土地就会被强行收归帝国所有。相信土邦是反对现代化的堡垒，用达尔豪西的话说，这一原则提供了一个机会，可以"摆脱那些微不足道的邦国，它们可能会带来烦恼，但我敢说，它们永远不会带来力量"。

将近 12 个邦国被纳入这一干涉主义政策之下，其中最重要的是阿瓦德，一个位于恒河和亚穆纳河之间的富裕邦国。阿瓦德曾被认为是英国最强大的盟友之一，是英国军队的主要士兵来源，并购买了大量英国商品。阿瓦德的首府勒克瑙融合了“沙贾汗时代德里的宏伟壮丽与谢赫拉扎德（Scheherazade）时代巴格达的芬芳魅力”。英国人早就得出结论，认为阿瓦德的总督的行为有很多不如人意的地方。威廉·斯利曼（William Sleeman）于1848年被任命为勒克瑙的特派代表，他将这里描述为“一个充满了阴谋、腐败、堕落、玩忽职守和滥用权力的地方”。据说，它的统治者瓦吉德·阿里·沙（Wajid Ali Shah，1822—1887）把时间都花在了“跳舞、击鼓、画画和创作小押韵诗”上。“创作小押韵诗”说的是他对乌尔都语对联的痴迷。

1856年1月，瓦吉德·阿里·沙被要求将他的国家转让给东印度公司。他拒绝了，但他没有煽动叛乱，而是派了一名特使到英国，在女王、议会和媒体面前为自己的主张辩护。当这一计划失败、邦国被吞并后，他搬进了加尔各答胡格利河岸边一座庞大的豪宅，在那里他创建了加尔各答第一家私人动物园，里面有猴子、熊、老虎，还有一头犀牛、一个蛇坑和1.8万只鸽子。他把大部分业余时间都花在放风筝上，这是他最擅长的运动。

“向德里进军！”

吞并阿瓦德的决定激怒了孟加拉军队中的印度土兵，他们大多数来自阿瓦德地区。1834年的一项扩大军队招募基数的政策加剧了他们的不满，因为这威胁到了高种姓婆罗门的近乎垄断的地位。1856年的另一项命令规定所有新兵都有义务在海外服役，这对正统印度教信徒来说是一种侮辱，因为他们认为穿越黑水（kala pani，即海洋）会打破种姓制度。

达尔豪西没能看到他激起的愤怒演变成公开的反叛。1856 年 2 月，他离开印度，将总督职位移交给坎宁勋爵（Lord Canning），此时阿瓦德正被正式吞并。虽然“无嗣失权”原则经常被认为是 1857—1858 年起义的主要原因之一，但其他重要因素也发挥了作用。1873 年，穆斯林领袖赛义德·艾哈迈德·汗（Sayyid Ahmad Khan）留下了印度人最早的关于起义的描述，他认为“起义者大部分是没有什么可以失去的人”，起义并不是穆斯林精英“摆脱外国枷锁”的尝试。威廉·达尔林普尔把原因归结为帝国的傲慢和自信，他说：“现在，英国人与他们的印度臣民如此脱节，他们对印度人的意见如此不屑一顾，以至于他们失去了解读周围预兆的能力，也失去了准确自我定位的能力。”

大多数历史学家一致认为，最后的导火索是新型恩菲尔德（Enfield）步枪的引进。虽然这种枪装子弹更容易，也更容易瞄准，但很快就有传言在印度土兵中流传开来，说它的子弹上涂有牛油和猪油，牛油是对印度教信徒的侮辱，而猪油是对穆斯林的侮辱。更糟糕的是，打开枪膛装填子弹前，士兵需要先用嘴咬破涂有牛油和猪油的弹筒包装纸。1857 年 3 月，对使用这种子弹的不安在孟加拉的巴拉格布尔（Barrackpore）引发了一场抗议。秩序很快得到恢复，但在此之前，一个名叫曼格尔·潘迪（Mangal Pandey，1827—1857，今天被誉为起义的第一位烈士，并在宝莱坞大片中被美化）的反叛印度土兵被处决。一个月后，安巴拉

（Ambala）兵营燃起大火，导致该团被解散。

到了同年5月，动乱已经蔓延到密鲁特。85名印度土兵认为，他们如果使用这些子弹，就会被集体玷污，于是发动了一场兵变。当他们被抓获并被判处10年监禁时，剩下的印度土兵揭竿而起，他们放火烧了自己的兵营，射杀了眼前的每一个欧洲人，高喊："向德里进军！"

这些印度土兵向莫卧儿帝国的都城进发，于5月11日上午到达。夜幕降临时，他们已经占领了这座城市。巴哈杜尔·沙·扎法尔接待了他们，他仍然居住在红堡里，这里是莫卧儿帝国的传统权力所在地，但他的地位已降为"德里国王"。扎法尔更像是一位哲学家和诗人，而不是一位军事领袖，他为起义提供了道德上的支持，但仅此而已。

农民领袖们也参加了起义，攻击德里和密鲁特附近的英国驻军。到了6月初，骚乱已经蔓延到坎普尔附近地区，那里发生了对欧洲人最严重的屠杀。最后一位马拉塔佩什瓦的儿子纳纳·萨希布（Nana Saheb，1824—1859）宣布支持起义者。经过两周的炮击，他为400多名英国人提供了安全撤离营地的通道。但是，当这些英国人登上船要顺着恒河而下时，他们遭到了印度土兵的袭击。萨希布救出了大约200名妇女和儿童，并将他们锁在比比迦尔（Bibighar），即女子收容所，作为英国人进攻时讨价还价的筹码。当英国救援部队在坎普尔集结时，印度土兵袭击了比比迦尔，处决了里面的人。他们的尸体被肢解后扔进井里。正如约翰·凯伊描述的那样："他们的屠杀方法与其说是残忍，不如说是笨拙，构成了一种暴行，这种暴行一直困扰着英国人，直到他们在印度的统治结束。”

坎宁镇压起义的努力因兵力不足而受阻。成千上万的英国士兵离开印度去参加克里米亚战争，却一直没有新兵补充。1857 年，在印度的英国士兵只有 4.5 万人，其中一半在旁遮普。各个队伍之间的通信很原始，而且随着起义在印度北部大片地区同时爆发，军队捉襟见肘。大屠杀发生几天后，亨利·哈夫洛克（Henry Havelock）准将在坎普尔击败纳纳·萨希布，这是英军的第一个突破。

英军从未受兵变影响的地区招募新兵，扭转了战争局势。1857 年 9 月夺回德里后，军事行动的重点转移到勒克瑙，在那里，英国特别代表亨利·劳伦斯（Henry Lawrence）用战壕和饵雷加强了驻地的防御。在防御工事内部的 855 名英国士兵和军官中，就有从喀布尔撤退的唯一幸存者布莱登医生。1 000 多名平民（其中大多数是欧洲人）也挤在这个占地 33 英亩（约合 200 亩）的院子里。布莱登在围攻中活了下来，但劳伦斯没有，他被落在他房间里的炮弹炸死了。两支救援纵队突破围困，把幸存者带到安全的地方。

今天，许多印度人仍然对勇敢的章西女王（Rani of Jhansi）拉克希米·葩依（Lakshmi Bai，1828—1858）充满崇敬之情。她出生在瓦拉纳西，从小就擅长骑马和剑术。她嫁给了章西邦的土王，但是她的丈夫在她生下继承人之前就去世了，于是她成了摄政王。虽然当地的英国代表对这位年轻的寡妇治理国家的能力很有信心，但英国还是根据“无嗣失权”的原则将章西吞并了。当起义刚爆发时，她宣称她希望起义军“直接下地狱”。但是，到了

章西女王拉克希米·葩依高举宝剑，勇敢地骑马穿过敌阵，这一形象成为印度自由运动的象征。

1858 年初，当来自孟买的英国援军开始向章西推进时，她决定与纳纳·萨希布的追随者塔特亚·拓普（Tatya Tope，1814—1859）联合起来。在英国人包围章西之后，她亲自领导了抵抗，之后她乔装打扮，根据传说，骑马跳过城墙逃离了堡垒。1858 年 6 月，她和塔特亚·拓普攻占了瓜廖尔坚不可摧的堡垒，决心做最后一搏。但在坚守堡垒仅三周后，她就死于英军的枪林弹雨中。瓜廖尔的陷落标志着起义主要阶段的结束。

如果各路起义者能够联合起来，同时占领旁遮普和德干，他们可能会成功地将英国人赶出印度领土。但是，这场行动变成了一场由零星的起义拼凑在一起的反抗。直到 1859 年 7 月 8 日，坎宁才最终宣布和平已经恢复。

英国实施了非常严厉的报复，复仇成为日常，即处决成了常态，英国人有时会把起义者绑在炮口上炸成碎片，有的起义者则被要求舔地板上欧洲人被杀时留下的血迹。根据他们的宗教信仰，有些人在被绞死之前喉咙里会被塞进牛肉或猪肉。巴哈杜尔·沙·扎法尔因支持起义者而受审。随后他被送往仰光。没有纸和笔，他用木炭在监牢的墙上涂鸦对联。他于 1862 年死于喉麻痹，被埋葬在大金塔（Shwedagon Pagoda）附近一个没有标记的墓地里。

异常管理变成了时代错误

甚至在起义结束之前，英国议会就成立了一个王家调查委员会来调查其原因。皮尔委员会（Peel Commission）建议大幅增加英国士兵的数量，减少印度本土士兵在军队中的比例。在起义的发源地孟加拉地区，英国士兵和印度土兵的人数比例维持在 1∶2，而在孟买和马德拉斯地区，英国士兵和印度土兵的人数比例维持在 1∶3。英国更加倾向于从那些保持中立或站在英国一边的地区征兵。为了避免印度土兵将来形成统一战线，委员会建议当地兵团由来自不同民族和种姓的人组成。孟买总督芒斯图尔特·埃尔芬斯通（Mountstuart Elphinstone）是敦促改革的人之一，他宣称："分而治之（Divide et impure）是古罗马的格言，我们也应该这样做。"随后英国的政策使这一原则得到了更广泛的应用，导致印度教信徒与穆斯林对立，并最终导致了 1947 年南亚次大陆的分裂。

从许多方面来看，1857 年的事件是一个迟到已久的对东印度公司采取行动的机会。正如英国历史学家帕西瓦尔·斯皮尔（Percival Spear）指出的那样，该公司"被认为未能察觉印度人的民意，表现得迟钝而保守。因此，这次反叛提供了一个机会，可以结束一个已经成为时代错误的异常管理"。在英国，公众对东印度公司在煽动导致兵变的不满情绪中所扮演的角色也越来越感到不安。其结果是对统治印度的方式进行了彻底的改革。1858 年，议会通过了《印度政府法案》（Government of India Act），将权力从东印度公司手中转移到王室手中。1874 年，东印度公司关闭了贸易，"没有荣誉，没有歌颂，但也许并非完全没有悲泣"。2010 年，它在伦敦作为一个奢侈食品品牌重新亮相。

大英帝国统治下的和平

1858年11月1日，维多利亚女王发布了一份文告，这份文告部分上是一份关于如何管理印度的使命宣言，部分上是一套关于如何确保英国在印度的统治再也不会受到威胁的预防措施。该文告被以多种语言在印度所有主要城镇宣读，声称："他们繁荣我们才会强大，他们满意我们才会安全。"英国官员被命令不得干涉印度人的信仰和仪式，无论这些信仰和仪式多么"可恶"和"原始"。维多利亚女王也否认有任何"将我们的信仰强加于任何臣民"的愿望。半个世纪前麦考莱和其他人热情拥护的英国国教传播实际上已经被废除了。

"无嗣失权"原则也被废除了。女王在文告中强调，英国"不希望扩大我们现有的领土"。英国不会消灭土邦，而是要把其统治者变成盟友。大约560个土邦名义上保持独立，日常行政管理由当地统治者负责，但由英国的特别代表和政治代理人密切监视。外交和国防政策将掌握在女王手中。

大地主——比如阿瓦德那些在1857年以前被没收土地的人——现在被允许永久保留他们的土地。通过让他们成为地方长官，他们被纳入新的统治结构，成为王公贵族。印度事务现在由常驻伦敦的印度事务大臣负责。总督享有绝对的权力，统治着世界上六分之一的人口，他们得到了丰厚的回报，每年的薪酬最高可达2.5万英镑，这在英国公职人员中是最高的。

最后，维多利亚女王宣布，印度人有权通过担任公职参与管理他们的国家，只要他的“教育、能力和品格”符合条件。最后这个让步是精神上的，而不是实践上的。竞争激烈的考试是用英语进行的，而英语达到如此水平的印度人很少。能负担得起去伦敦参加考试的人就更少了。直到1870年，公务员中只有一名印度人。

1857年起义的一项持久遗产是英国人对印度的种族傲慢加剧。德里、坎普尔和勒克瑙都竖立了为英国阵亡士兵修建的纪念碑，但正如尼赫鲁后来所抱怨的那样，没有为起义中死去的印度人修建的纪念碑。

到了1901年，印度有近17万欧洲人，其中约90%是英国人。这些英国人中大约一半是士兵和他们的家人。其余的英国人有的在铁路上工作，有的经营茶叶和咖啡种植园，有的是企业主或纺织和其他行业的中层管理人员。英国人俱乐部成为社会生活的焦点，成为对抗“本土”社会的堡垒。舞蹈和戏剧表演、桥牌和草坪派对、网球和马球比赛是他们每天的活动内容。在远离家乡的地方，俱乐部的花园里种满了在热带高温下几乎无法存活的玫瑰和牵牛花。厨房里供应的是英印菜系，借用E.M.福斯特的《印度之行》中的一句话，有“瓶装豌豆、仿制的农家面包、鱼刺纵横的冒牌鲽鱼、更多的瓶装豌豆……屈莱弗甜点、沙丁鱼吐司”。印度人被禁止加入这些俱乐部，只有共济会是个明显的例外。

由于种姓和种族障碍，许多欧洲女性与印度人断绝了社交——也许除了那些做家务的用人之外——许多欧洲女性发现印度是一个孤独而令人沮丧的国家。而像旅行作家范妮·帕克斯

（Fanny Parkes）这样的人则享受着“在印度流浪的乐趣”，并留下了对这片土地和人民的生动描述。帕克斯是个例外，而不是常态。维多利亚女王的儿子温莎公爵（也就是后来的爱德华八世）在1875—1876年的印度之行中，被许多英国人“粗鲁和粗暴的举止”震惊了。尤其令他生气的是，他们把印度人称为“黑鬼”。公务员中印度人的比例从来没有超过6%。考虑到普遍存在、习以为常的种族主义，原因不难理解。

1876年，维多利亚女王向英国议会宣布，她的印度臣民“在我的统治下很快乐，对我很忠诚”。在首相本杰明·迪斯雷利（Benjamin Disraeli）的建议下，她采用了“印度女皇”的称号，为了照顾她的印度臣民，她还采用了“印度恺撒”（Kaiser-i-Hind）的称号。这个称号是由匈牙利东方学家G.W.莱特纳（G.W. Leitner）提出的，因为它方便地结合了罗马帝国的“恺撒”、德国的“皇帝”和俄国的“沙皇”，而且发音错误的可能性更小。为了确认这个新头衔，总督利顿勋爵（Lord Lytton，1831—1891）不惜一切代价，于1877年1月在德里组织了一次帝国大会。8.4万名出席者中有63位是在位的王公与数百名酋长和贵族，以及巴哈杜尔·沙·扎法尔家族的成员。代表女皇的是一顶镶嵌着宝石的皇冠，它被放在镀金的垫子上。“印度与英国的联盟是牢不可破的。”官员们宣布。

1869年苏伊士运河的开通使印度和英国之间的旅行时间缩短了两周，这一“牢不可破”的联盟变得更加紧密。一年后，这两个国家通过海底电报电缆连接起来，彻底改变了通信方式。公共工程变得更加重要。铁路网从1860年的1.35万千米增加到1890年的2.55万千米。随着恒河运河和其他大型工程的建设，灌溉土地的面积迅速扩大。到了1891年，灌溉面积超过1 000万英亩（约合4万平方千米），养活了印度2.85亿人口的八分之一。

如果所有这些基础设施都是为了加强英国对印度统治的合法性，那么它失败了。正如学者乔恩·威尔逊指出的那样，铁路和运河对普通印度人没有多大影响。英国在旁遮普建立了新的定居点或运河殖民地，但最初的繁荣通常伴随着农业生产力的长期下降。同样，在运输重型货物方面，铁路无法与牛车竞争，人力河运比蒸汽船便宜。威尔逊写道："如果没有那种能够协调印度人的生产活动以造福整个社会的政治领导，19世纪40年代和50年代现代性的预言家们所预言的'改善'梦想最终会成为幻想。"

运河也未能阻止19世纪70年代和90年代的一系列毁灭性饥荒，饥荒是由长期干旱带来的作物歉收导致的。1877年的饥荒夺走了德干地区550万人的生命，而这与总督利顿举办的铺张浪费的大会发生在同一时期。利顿是一个顽固的保守党人，他相信自由市场的力量是解决问题的最好办法。饥荒期间，粮食却继续出口。他还坚持向德干的农民征税，这促使《印度先驱报》（*Indian Herald*）的编辑抱怨说："数百万人死于政治经济学的公理。"也许是被他让英国卷入第二次阿富汗战争的灾难性决定分散了注意力，利顿对印度和国外报纸上刊登的村民骨瘦如柴的照片无动于衷，他宣称："仅仅是痛苦并不能成为开启救援工作的充分理由。"一个调查饥荒的皇家委员会发布了一份被广泛批评为粉饰事实的

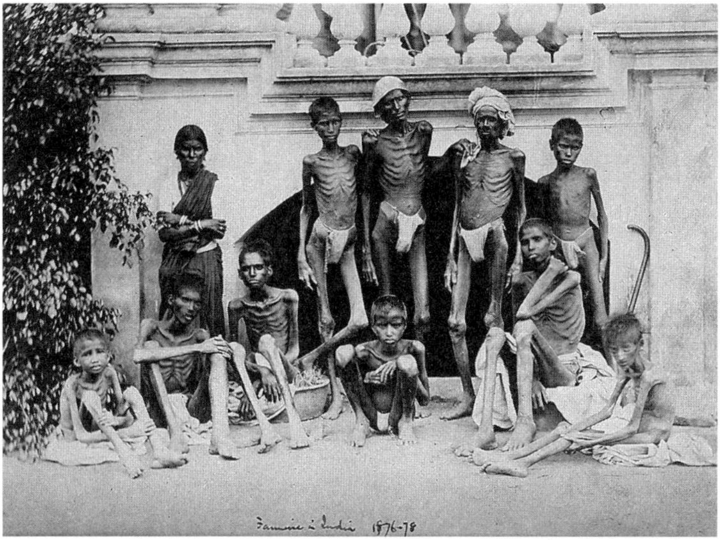

1877 年饥荒的恐怖引起了英国公众的注意，这要归功于记者的报道，以及报纸和杂志上刊登的照片（有些是传教士拍摄的）。

报告。它为政府在防止饥荒和处理危机上的失败开脱。最重要的是，它没有提出任何避免灾难重演的实际措施。

维多利亚女王坚持认为她的臣民幸福而且忠诚，这与实际情况形成了强烈反差。这种反差并非没有人注意到。反对帝国主义的抗议活动即将发生。“印度第一个革命者”这个称号通常被用来称呼瓦苏德夫·巴尔旺特·法德克（Vasudev Balwant Phadke，1845—1883），他领导了浦那郊区一场由低种姓部落发动的起义，他们要求印度独立。1879 年，法德克被捕随后被押送到亚丁。他于 1883 年越狱，但不久后再次被捕。他在绝食后去世，这是一个不祥的前兆，在接下来的几十年里，绝食将成为反对英国统治的有力武器。

到了19世纪90年代末，马哈拉施特拉和孟加拉都成立了革命团体。甚至连英国那些本该忠心耿耿的公务员也开始担心未来饥荒不可避免，认为需要一个安全阀来防止不满情绪再次爆发为全面的起义。

第八章

通往自由的漫漫长路

“印度的自由运动”是圣雄甘地、贾瓦哈拉尔·尼赫鲁和穆罕默德·阿里·真纳（1876—1948）等杰出人物的代名词。然而，1947 年引导 3.4 亿印度人“与命运约定”的印度国民大会党是一位英国鸟类学家创立的。

艾伦·奥克塔维安·休谟（Allan Octavian Hume，1829—1912）是无畏的苏格兰改革家詹姆斯·休谟（James Hume）的儿子，他在 1849 年到达印度时只有 20 岁。他在孟加拉的公务员队伍中迅速晋升。在坎普尔附近的埃塔瓦（Etawah）担任地方法官期间，他不愿判处参加 1857 年起义的印度土兵死刑，这为他赢得了公正和温和的名声。用他自己的话说，他也是一个“不安分、冲动、不服从命令的官员”，这些性格特征导致他最终在公务员队伍中被降级。他摆脱了官场的束缚，致力于成为一名研究印度鸟类的专家。在西姆拉（Simla）山区，他建造了罗斯尼城堡（Rothney Castle），用来存放他收藏的 8 万份鸟皮和鸟巢，后来他把这些东西捐赠给了伦敦自然历史博物馆。

印度国民大会党成立的催化剂是1883年的《伊尔伯特法案》（Ilbert Bill），该法案允许印度法官主持对英国臣民的审判。这可能会引发愤怒的欧洲人，主要是靛蓝种植者和商人的“白色叛变”，因为他们认为自己作为“统治种族”的地位将永远被削弱。休谟是被强烈抵制该法案的欧洲人激怒的人之一。同年3月，在英印总督达弗林勋爵（Lord Dufferin，1826—1902）的支持下，休谟给加尔各答大学的毕业生写了一封公开信，鼓励他们组建一个国家复兴协会。这样一个由受过教育的印度人组成的协会也将成为印度“释放巨大且日益增长的不满情绪”的安全阀。

国大党的成立会议于1885年12月28日在孟买举行，72名受邀代表宣誓效忠英国女王。他们的主要诉求是：“政府的基础应该扩大，人民应该在其中拥有适当和合法的份额。”44年后，国大党将为从英国完全独立出来而战。

在成立的前十年里，国大党每年在圣诞节期间开一次会，以免干扰其成员的工作，它的成员主要是律师、记者和公务员。会议以英语进行。不幸的是，成员中几乎没有穆斯林。这惹恼了萨伊德·艾哈迈德·汗爵士（Sir Sayyid Ahmed Khan）这样的穆斯林领袖，他于1875年在阿里加尔（Aligarh）建立了穆罕默德盎格鲁-东方学院（Muhammadan Anglo-Oriental College）。他坚持认为，代议制政府可能在“由种族、宗教、礼仪、习俗、文化和历史传统联系起来的社会”中发挥作用，但“如果没有这些联系，它只会损害这片土地的幸福和安宁”。他的论点后来被用来为印巴分治和建立穆斯林占多数的巴基斯坦辩护。

国大党对英国统治的支持（其成员明确称赞“日不落帝国”）引起了右翼印度教信徒的愤怒。其中最著名的是巴尔·甘加达尔·提拉克（Bal Gangadhar Tilak，1856—1920），他的政治化源于他反对1891年的《法定婚姻年龄法案》（Age of Consent Act），该法案将结婚年龄提高到了12岁。提拉克在他的著作中引用《薄伽梵歌》来为杀害压迫者辩护。1897年6月，两名英国军官被杀后，他被控煽动谋杀罪，并被判处18个月监禁。出狱后，他被尊为民族主义事业的先驱。

这种暴力行为很少见，社会改革家阿罗宾多·甘斯（Aurobindo Ghose，1872—1950）与诗人、哲学家和教育家泰戈尔等名人都强调消极反抗和经济自立，而不是直接对抗。英国人保持着他们仁慈统治的光环。有人提出，一旦印度人获得了足够的经验来管理他们自己的事务，英国可以逐步撤出，而印度可以在未来某个不确定的时间作为自治领实行自治。他们没有意识到，这一进程即将加速。

“世界上最强大的国家”——目前是这样

近半个世纪以来首次持续反抗英国统治的大规模运动的导火索被引燃得有点出人意料。1903年，总督寇松勋爵（Lord Curzon，1859—1925）宣布，印度人口最多的省份孟加拉将被分割。

凯德尔斯顿（Kedleston）的寇松男爵原名为乔治·纳撒尼尔（George Nathaniel），他毕业于牛津大学，是一位经验丰富的旅

甚至在牛津大学读书时，寇松就表现出了强烈的优越感，贝利尔学院有一首著名的打油诗："我的名字叫寇松，天生优越自不同。两颊红润头油亮，山珍海味吃不穷。"

行者和探险家，曾经因为发现阿姆河的源头而获得皇家地理学会（Royal Geographical Society）颁发的金质奖章，他一直觊觎英印总督的位置。寇松是一个饱受争议的人，他对印度人的自我管理能力持悲观态度，反对为他们进入公务员队伍提供便利。当有人建议选举一名印度人进入执行委员会时，他反驳说："在整个大陆上，没有一个印度人适合这个职位。"他在给上级的信中提到，作为总督，他的雄心之一是帮助"不具代表性"和"摇摇欲坠"的国大党实现"寿终正寝"。当他在加尔各答大学对观众说"真理是西方的概念"时，受过教育的印度人几乎没人对他有好感。印度的王公们被他斥为“一群任性无知、不守纪律的学生”。

寇松也并非一无是处。他确实为普通印度人挺身而出，他在农村地区到处旅行，并下令将一整个团的士兵驱逐到亚丁，因为他们密谋保护强奸一名缅甸妇女的士兵。他最不受争议的成就之一，是成立了印度考古调查局，该机构负责修复他所谓的“世界上最伟大的纪念碑群”。

当寇松成为总督时，孟加拉人口是英国的两倍，包括了比哈尔、奥里萨、阿萨姆和今天的孟加拉国。其西部的居民主要是印度教信徒，东部的居民主要是穆斯林，孟加拉的分治被说成是为了刺激该地欠发达的东部地区的发展。真正的原因更加险恶——“分裂并削弱英国统治的反对者”，即加尔各答受过良好教育的高种姓孟加拉人。

帝国主义者寇松：“只要我们统治着印度，我们就是世界上最强大的国家。”

虽然伦敦方面警告说：“切断旧的历史联系、破坏种族团结将会起到适得其反的效果。”1905 年 10 月 16 日，孟加拉分治开始了。激烈的示威活动几乎立即在印度东部的许多城镇爆发，并迅速蔓延到其他地区。国大党领导人敦促人们抵制英货、购买本国商品。英货在印度各地被焚烧。在抵制英货运动中，本地手工织机编织的印度粗棉布取代了曼彻斯特生产的布料。本地生产的糖、盐和其他商品的出售优先于进口制成品。

孟加拉的分裂也导致了国大党中温和派和激进派的分裂。温和派支持对话，并相信英国的承诺，即权力将会被逐渐下放给印度人，直到印度成为大英帝国内的自治国家，就像澳大利亚和加拿大那样。像戈帕尔·克里什纳·戈卡尔（Gopal Krishna Gokhale）这样的温和派警告说："只有疯人院外的疯子才会考虑或谈论独立"，但这样的警告对想要采取直接行动的激进分子没有起到什么作用。他们从爱尔兰民族主义者那里获得启迪，并将抵制英货视为"远离外国思想和制度的民族意识伟大转变的一部分"。提拉克宣称，自治是前进的唯一道路。"自治（*Swaraj*）是我与生俱来的权利，我要拥有它。"

在1907年国大党的苏拉特会议上，双方的决裂达到了顶峰。英国人利用分裂的机会逮捕了著名的激进分子，包括被判入狱六年的提拉克。支持独立的报纸的编辑被指控煽动叛乱，他们的出版物被暂停出版。在偏远的安达曼群岛建立的流放地很快就人满为患了。一些人未经起诉或审判就被送进监狱的案例刺激了更多印度年轻人加入民族主义事业。

寇松在孟加拉分治生效后离开。接替他的是明托勋爵（Lord Minto，1845—1914），他与新任印度事务大臣约翰·莫莱（John Morley，1838—1923）一起开始起草政治改革方案。《莫莱－明托改革法案》也被称为《印度议会法案》（The Indian Councils Act），于1909年生效，增加了既有的中央和省级立法委员会的规模，使更多的印度人获得了代表席位。印度人第一次被允许进入总督的行政会议。有争议的是，该法案还为穆斯林设立了单独的选区，因为穆斯林们认为他们在官方机构中的代表人数不足。这一让步是新成立的穆斯林联盟（Muslim League）从英国人方面争取过来的，它将加深现有的族群分裂。对于许多民族主义者来说，这是英国人奉行分而治之政策的证据（如果需要证据的话）。

英印总督名单（1899—1947）

寇松勋爵（1899—1905）

明托勋爵（1905—1910）

哈丁勋爵（1910—1916）

切尔姆斯福德勋爵（1916—1921）

雷丁勋爵（1921—1926）

欧文勋爵（1926—1931）

威灵顿勋爵（1931—1936）

林利思戈勋爵（1936—1944）

韦维尔勋爵（1944—1947）

蒙巴顿勋爵（1947—1948）

1911年，为了欢迎国王乔治五世的访问而举行的盛大的德里杜尔巴集会（Delhi Durbar），标志着英国统治的巅峰。这是英国在位君主第一次也是唯一一次访问印度，集会的规模和奢华程度前所未有。国王和他的妻子玛丽王后坐在临时英皇阁的镀金圆顶下的金色宝座上，接受10万民众的朝觐。国王要做的第一件事是给印度的主要王公颁发勋章。在一列珠光宝气的游行队伍中，每个统治者都在国王面前停下脚步，鞠躬并后退三步，只有巴罗达（Baroda）的王公、民族主义者沙雅吉拉奥（Sayajirao）例外，他一直昂首挺胸，然后突然转身背对着国王。考虑到接下来发生的事情，这次所谓的怠慢行为（这位王公将其举动归咎于神经症发作，尽管这一点值得怀疑）并没有像预期的那样严重。乔治五世宣布了一个惊人的消息：印度的首都将从加尔各答迁往德里。没有人预料到这个消息。在短暂的、吃惊的沉默之后，人群爆发出欢呼声。

将首都迁至德里在地理意义和象征意义上都是合理的——在莫卧儿帝国的大部分时间里，德里一直是权力中心——但它尚未从 1857 年起义的破坏中恢复过来。这一决定也意味着，面对孟加拉人的不妥协，英国将一意孤行。虽然这一决定受到了大多数印度王公的欢迎——因为他们现在离权力中心更近了，但在英国，对这一决定的反应并不热烈。寇松是对这一举动持批评态度的人之一，他认为加尔各答是英国所代表的一切的象征，而德里是“一大片被遗弃的废墟和坟墓”。在这方面，寇松忽视了很重要的一点，即通过在过去帝国的废墟上建立一个新首都，英国将能够把自己与印度的过去联系起来。正如总督哈丁勋爵（Lord Hardinge）宣称的那样：“印度每一个有城墙的城镇都有它的‘德里门’，在人民群众中，它仍然作为前帝国的所在地而受到尊重。”为了减轻对孟加拉人自尊心的打击，乔治五世宣布取消孟加拉分治。

甘地因素

乔治五世访问英国仅三年之后，第一次世界大战爆发了，它打破了英国不可战胜的神话。但它也见证了来自国大党、穆斯林联盟以及王公们对英国的忠诚。最终，超过 100 万名印度战士和后勤人员在加里波利、佛兰德和美索不达米亚等不同的战区服役。对于提拉克这样的民族主义者来说，对战争的慷慨支持证明了印度人可以管理自己的事务。提拉克于 1914 年结束在缅甸的流亡回国，与政治活动家安妮·贝桑特（Annie Besant，1847—1933）联合起来。贝桑特的爱尔兰血统、工会背景、费边主义立场和不知疲倦的精力使她成为印度地方自治的完美倡导者。1916 年，她和提拉克成立了地方自治联盟，主张在大英帝国范围内实现整个印度的自治。两年后，贝桑特当选为国大党主席，国大党正式将地方自治的目标作为其纲领的一部分。

政治方面的复杂因素只会让那些希望英国退出印度的人更加强硬。1917 年 8 月，英国的印度事务大臣埃德温·蒙塔古（Edwin Montagu，1879—1924）告诉下议院，“作为大英帝国不可分割的一部分”，印度需要采取实质性的步骤来实现负责任的自治。和新任总督切尔姆斯福德勋爵（Lord Chelmsford，1868—1933）一起，蒙塔古进行了为期五个月的印度之旅。1919 年底，他们向英国政府提交了一份报告，要求进行立法改革，这就是著名的蒙塔古改革。改革的内容被写入了 1919 年《印度政府法案》，扩大了印度政府的民主基础。由每个省的印度人选出的立法委员会将负责教育、公共卫生和公共工程等领域，而执法、税收和国防将由向总督负责的帝国官僚负责。强硬的民族主义者认为这些改革受到了太多的限制，因为只有 550 万土地所有者（即成年男性人口的十分之一）可以在省级选举中投票。

这些改革基本上都胎死腹中，被《罗拉特报告》（*Rowlatt Report*）推翻了。该报告发表于 1918 年 4 月，建议将 1915 年《印度防卫法》（Defence of India Act）中用于控制公众骚乱和恐怖活动的近乎极权主义的战时权力永久化。对于数百万愿意为大英帝国牺牲生命的印度人来说，1919 年 3 月通过的《罗拉特法案》是一种侮辱，表明英国随时准备用镇压来压制敌人。

莫罕达斯·卡拉姆昌德·甘地（Mohandas Karamchand Gandhi，1869—1948）密切关注人们对《罗拉特法案》的反应。当时他 49 岁，此前大部分时间都在为南非的印度人争取权利。甘地后来成为印度独立运动中最有影响力的人物，但他只是短暂地担任过国大党主席，在监狱或静修处度过的时间远比直接带领印度走向自由的时间长。他也没有刻意发表自己的政治学说。他不断变化的、经常相互矛盾的思想包含在他的多达 90 卷的《甘地全集》中。那些想要在他的所有观点中寻找一致性的人，从他称之为“黑魔法”的西医到种姓和贱民（前者是必要的，虽然后者是由它造成的），只要看看他于 1939 年 9 月 30 日在报纸《哈里真》（*Harijan*）上发表的一段话就行了：“在写这篇文章的时候，我从来没有考虑过我以前可能说过什么。我的目的不是要与我以前对某一特定问题的陈述相一致，而是要与在特定时刻可能呈现在我面前的真理相一致，其结果就是我不断从一个真理走向另一个真理。”

甘地于1869年出生在古吉拉特邦的一个小公国博尔本德尔（Porbandar），他的父亲曾在那里担任首相（diwan）。他13岁时娶了比他大1岁的妻子卡司杜尔巴（Kasturba），19岁时去了英国，在伦敦的内殿法律学院（Inner Temple）学习法律。在律师事务所短暂而平凡的任职之后，他被一位古吉拉特穆斯林商人邀请到南非担任其法律顾问。他第一次接触南非种族主义是在1894年，当时他正乘火车前往比勒陀利亚。一名白人男性乘客向铁路工作人员报告说，一名印度人无视有色人种只能乘坐三等座的规定，坐在了头等座。甘地指出自己拥有有效车票，拒绝让出座位，因此被强行赶出火车，并在寒冷的冬夜里被遗弃在月台上。

在接下来的20年里，甘地为在开普省和纳塔尔省的15万印度移民争取权利，这些人在法典中被描述为“半野蛮的亚洲人或属于亚洲未开化种族的人”。1908年，在从伦敦乘船前往南非的途中，他撰写了他的第一本政治小册子《论印度自治》（*Hind Swaraj*）。受列夫·托尔斯泰作品中的和平主义和反物质主义以及约翰·罗斯金（John Ruskin）对劳工和穷人权利的尊重的影响，这本小册子是对现代性的批判。在这部开创性的作品中，甘地明确地将非暴力作为一种政治武器，赞扬乌托邦式的乡村社区相互依存的生活，并主张所有宗教和阶级都是平等的——虽然没有主张废除贱民制度。他对社会和谐的倡导吸引了许多穆斯林和低种姓印度教信徒的支持。他倡导以道德力量为基础的非暴力抵抗，在西方赢得了大批崇拜者，其中包括诺贝尔奖得主、法国散文家和小说家罗曼·罗兰，他把甘地比作耶稣。罗曼·罗兰曾说，甘地唯一缺少的就是“十字架”了。从美国的民权运动到“布拉格之春”，他在让英国屈服的过程中所发挥的作用就是激励了世界各地数以百万计的个体和运动。

在向南非政府提出的根据宪法赋予印度人平等权利的法律诉求失败后，甘地转向了直接抗议，他称之为“非暴力不合作”（satyagraha）或“真理坚固”等。这一思想借鉴了他的家乡古吉拉特非暴力的耆那教和毗湿奴派传统，将痛苦和苦修提升为一种类似于瑜伽或冥想的宗教境界。对甘地来说，这种信念是一种灵魂品质，它使个人能够为了自己认为道德上正确的事情而忍受痛苦。这不仅仅是一种反抗压迫的武器，更是一种让他的对手接受他的信念的工具。

甘地谈非暴力抗争：“非暴力抗争并不意味着顺从坏人的意志，而是意味着一个人用整个灵魂去反抗暴君的意志。依据我们这种存在的法则，一个人可以蔑视一个不公正帝国的整个力量，以拯救他的荣誉、他的宗教、他的灵魂，并为帝国的衰落或复兴奠定基础。”

1915 年，甘地从南非返回印度，两年后开始了他的政治生涯。在印度，他的事业的潜在追随者增加到了 3 亿人，他们中很少有人最终能不受他的影响。起初，他集中精力展开反对剥削查

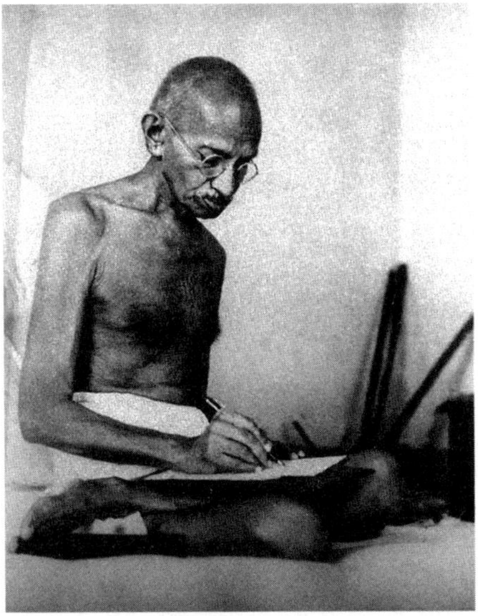

甘地是那个时代被拍摄和讨论最多的人物之一。然而，对他的生活和影响的解释如此之多，以至于他仍然是一个谜。印度学生被告知，泰戈尔在1915年第一个将甘地称为“圣雄”或“伟大的灵魂”。

姆帕兰（Champaran）地区靛蓝工人和艾哈迈达巴德工厂工人的运动，成功地改善了这两个群体的状况。反对《罗拉特法案》的煽动行动是他在印度的第一次真正考验，是“我一生中最伟大的战斗”。结果与他所期待的大相径庭。

甘地呼吁进行和平的罢工（hartal）和一天的绝食与祈祷，结果德里、孟买和其他许多城市发生了暴力事件。民众被激怒了，没有什么兴趣恭敬平和地表达他们的不同意见。愤怒的人群袭击了英国平民，警察向示威者开枪。当甘地发现骚乱正在向小城镇蔓延时，他承认自己犯了一个“喜马拉雅山般的错误”，在人们还没有准备好之前就呼吁他们进行公民不服从。

对于像印度这样一个幅员辽阔的国家，甘地的影响力是有限的。在阿姆利则，数千名抗议者无视他要求结束示威的呼吁，肆意妄为，杀害了5名英国男子，并殴打了1名女传教士，然后把她扔在那里等死。多亏一个印度家庭把她拖到家里，交给了英国人，她才活了下来。阿姆利则的军队指挥官是雷吉纳德·戴尔（Reginald Dyer，1864—1927）准将，他以脾气暴躁和在压力下反应过度而闻名。1919年4月13日，大约有2万人聚集在札连瓦拉园（Jallianwala Bagh），这是一块被高墙包围的空地。大多数人是来庆祝锡克教丰收节的，他们不知道戴尔在那天早上发布了禁止宗教集会或其他集会的命令。下午4点30分，戴尔亲自率领一支由廓尔喀人、锡克教徒、帕坦人（Pathan）和俾路支人（Baluchi）组成的步枪队前往札连瓦拉园，在没有任何警告的情况下，命令他们开火。军队封锁了通往札连瓦拉园的狭窄入口，城墙又太高，无法攀爬，里面的人无处可逃。官方数据显示死亡人数为379人。国大党的一项调查显示，死亡人数超过1 000人。

戴尔的行为很快就受到了谴责。温斯顿·丘吉尔（1874—1965）称这次大规模枪击事件"在大英帝国现代史上没有先例……这是一件非同寻常的事件，一件骇人听闻的事件，一件孤立而邪恶的事件"。泰戈尔因对文学的贡献而被英王封为爵士，他以放弃这一头衔的方式来抗议这场大屠杀。甘地宣称："与这个邪恶政府的任何形式的合作都是罪恶的。"

几个月后，在拉合尔的一个调查委员会面前，戴尔为这次屠杀辩护，声称这是为了削弱"叛军的士气"。戴尔被撤职，但他在回到英国后，成了铁杆保守党和联合主义者的名人，这些人认为，为了维持大英帝国，需要的是征服，而不是合作。对他的崇拜只会增加印度人对英国统治的敌意。

甘地以绝食来回应阿姆利则大屠杀。对于圣雄来说，绝食是一种武器，可以被最弱小和最贫穷的人用来对付最强大的对手。他也认为这是一种赎罪的方式，可以弥补自己的罪孽、错误和缺点。正如温迪·多尼格（Wendy Doniger）写的那样，甘地的绝食“首先是为了控制自己，然后是为了控制自己的人民，让他们团结起来抗议但不要使用暴力，再次是为了控制英国人，使他们几次放他出狱，最终让他们退出印度”。

提拉克于1920年去世，甘地成为国大党无可争议的领袖。在他的领导下，一个曾经被嘲笑为中上层阶级辩论协会的组织，转变为一个植根于小城镇和村庄的全国性机构，并拥有一个高效的等级结构。1920年在印度中部那格浦尔举行的国大党会议共有1.4万名代表参加。他对大规模公民不服从的强调流行起来，促使印度社会的很大一部分人政治化，尤其是在占印度人口90%的农村地区。数千名高种姓的律师和专业人士被命令到村庄招募新成员。对其中大多数人来说，这是他们第一次接触印度的贫困群众。甘地还深入工人阶级，这个阶层人数不多（在20世纪20年代还不到印度人口的1%），但很重要，因为他们集中在大城市。

印度教信徒和穆斯林之间日益严重的分裂让甘地感到忧虑。在第一次世界大战期间，国大党支持了反对用穆斯林军队来对抗君士坦丁堡哈里发的基拉法特运动（Khilafat Movement）。甘地认为这提供了一个“百年难遇”的机会，可以让这两个群体团结起来。当《色佛尔条约》（Treaty of Sèvres）签订，哈里发对伊斯兰教圣地的控制也随之消失时，这场运动逐渐壮大。穆斯林领导人非常渴望获得印度教信徒的支持，他们告诉甘地，他们准备禁止屠牛，但甘地拒绝了这个提议。

1921 年 12 月，国大党授权甘地发起公民不服从运动。他承诺在一年内实现印度自治，并敦促他的支持者故意触犯英国法律。公务员被要求离开岗位，人们被要求不要缴税和抵制法庭。如果印度变得无法治理，英国人将被迫离开。

但印度还没有准备好接受圣雄甘地的构想。1922 年 2 月，在联合省的乔里乔拉（Chauri Chaura），警察向一群国大党党员和基拉法特志愿者开枪射击。作为报复，人们放火焚烧了一个警察局。20 名警察有的在试图逃跑时被乱刀砍杀，有的在“胜利属于圣雄甘地”的呼喊中被烧死。震惊之余，甘地取消了这场运动，告诉他的追随者要教育大众，扩大基层组织，摇起纺车。他呼吁摇起纺车是想通过纺棉布来实现抵制英货，这也成了团结起来反抗压迫者的有力象征，也是一种精神修炼。作为回应，英国判处甘地 6 年监禁，但他在服刑不到两年后因健康原因被释放。

两极分化的政治

作为对公民不服从运动失败的回应，甘地回到了他在艾哈迈达巴德附近的静修处，坐在他的纺车前，每天举行祈祷会，并举行多次绝食来抗议不公正的行为。1927 年国大党否决西蒙调查团（Simon Commission）之后，他开始退出积极的政治活动。西蒙调查团由斯坦利·鲍德温（Stanley Baldwin）的保守党政府设立，其任务是审查蒙塔古改革的运作情况，并为自治的印度起草一部宪法。国大党对调查团中没有一个印度人感到愤怒，投票“在每一个阶段、以每一种形式”抵制调查团，并首次决定以完全独立于英国为奋斗目标。一年后，来自各主要独立团体的代表起草了各自的宪法改革方案。

1928 年 12 月，国大党通过了莫特拉尔·尼赫鲁（Motilal Nehru，1861—1931）主席负责起草的《尼赫鲁报告》，该报告指出，印度的“下一步”必须获得自治领地位，就像加拿大、澳大利亚和其他独立的英国前殖民地一样。印度将成为一个联邦制国家，其权力核心是一个两院制的主权议会。该报告拒绝了为少数民族单独设立选区的想法，而是通过保留制度为他们提供保护。

这份报告遭到了国大党激进分子的反对，他们认为接受自治领地位是对一年前通过的完全独立目标的倒退。放弃单独选区的原则也激怒了穆罕默德·阿里·真纳领导的穆斯林联盟。和甘地一样，真纳也曾在内殿法律学院学习法律，并于 1896 年成为最年轻的印度律师。1906 年，他作为孟买唯一的穆斯林大律师回到印度执业两年后，加入了印度教信徒占绝大多数的国大党。1913 年，他成为穆斯林联盟的领袖。他对独立前的印度的影响是基于他作为一名政治家的才华，虽然他要求巴基斯坦独立究竟是要为穆斯林赢得更多让步的策略，还是独立本身就是最终目的，目前还没

虽然真纳为建立一个完全以宗教为基础的国家而奋斗，但他的伊斯兰教主张是温和与进步的。据说他不会背诵《古兰经》中的任何章节，也很少去清真寺做礼拜。

有定论。

穆斯林联盟对《尼赫鲁报告》的拒绝加速了其与国大党之间不可避免的工作关系的破裂。对许多穆斯林来说，报告所提出的未来中央政府的权力强化了这样一种认识，即英国统治将被国大党统治取代，而这将限制穆斯林在未来民主独立的印度分享权力和保护自己的利益。

1929 年 12 月在拉合尔召开的国大党会议是自由运动的分水岭。新年前夜的午夜，代表印度独立的三色旗在“革命万岁”（Inquilab zindabad）的欢呼声中在拉维河河畔响起。甘地宣布 1930 年 1 月 26 日为独立日，并向英印总督欧文勋爵（Lord Irwin，1881—1959）提出了 11 项要求，这些要求如果被接受，就等同于承认印度独立。为了向英国施压，甘地组织了迄今为止最壮观的非暴力不合作运动——“食盐进军”。

自莫卧儿帝国以来，食盐的生产和销售一直由国家垄断。盐税很低，每年不到 3 安那（anna），但因为食盐对富人和穷人都是必需品，所以这是一种累退税，对最穷的人影响很大。1930 年 3 月 12 日，在来自世界各地的记者和新闻摄影师的跟随下，甘地离开了他在萨巴尔马蒂（Sabarmati）的静修处，开始步行 380 千米前往古吉拉特西海岸的丹地（Dandi），并告诉陪同他的人在印度自由之前不要回来。他每天的祷告会吸引大量的人。当他到达丹地时，成千上万的人加入了他的游行队伍。4 月 5 日，他在海里沐浴，从海滩上捡了一把盐，这是一个微不足道但具有高度象征意义的行为。政府对整个事件漠不关心，而是把注意力集中在对国大党领导人的大规模逮捕上。甘地被监禁，但在随后的几周和几个月里，成千上万的人以他为榜样，这是甘地从未预料到的响应。

到了 1930 年的最后几个月，双方都意识到已经陷入僵局。由于担心国大党会采取更暴力的手段，总督欧文邀请甘地到德里进行会谈。欧文对印度温和民族主义者的要求持同情态度。他认为圣雄甘地“有头脑，有逻辑，有说服力，有勇气，还有点古怪和神秘”。这种尊重是相互的，甘地后来说：“我不是屈服于欧文勋爵，而是屈服于他的诚实。”这位自由运动领袖穿着他标志性的腰布，手持一根拐杖，大步走上总督府台阶。看到这样的照片之后，丘吉尔在下议院嘲笑说，甘地这位内殿法律学院毕业的律师变成了半裸的“东方常见的那种苦行僧”。尽管如此，会谈还

当游行者到达丹地时，警察使用警棍来驱赶他们。理查德·阿滕伯勒（Richard Attenborough）的电影《甘地》捕捉到了这令人难忘的一幕。

是取得了成功，产生了《甘地－欧文协定》(Gandhi-Irwin Pact)。参与“食盐进军”而被监禁的6万人中的大多数将被释放，作为交换，公民不服从运动将暂停。甘地还同意参加在伦敦举行的第二次圆桌会议（第一次圆桌会议遭到了国大党的抵制），为印度制定宪法。

甘地乘船前往英国，于1931年9月12日抵达伦敦。三天后，他仍然穿着腰布和披肩，向会议的100多名代表发表讲话。他在伦敦的出现引起了媒体的极大关注。数周的谈判在为宗教少数群体和其他少数群体保留席位的问题上陷入僵局。他提出的立即建立全面负责任的政府的要求被忽视了。幻想破灭后，他于同年12

月离开伦敦。

当甘地回到印度时，欧文的位置已经被保守的威灵顿勋爵（Lord Willingdon，1866—1941）取代。威灵顿勋爵明确表示，无论付出什么代价，他都要保留英国在印度的权力。针对这种情况，国大党宣布发起第二次全国性的不服从运动。政府以比之前更严厉的镇压作为回应，宣布国大党为非法政党，并逮捕了 10 万多人。随着致命冲突的升级，甘地再次被迫停止鼓动。

随后的僵局被 1935 年《印度政府法案》（Government of India Act）打破，这是英国议会有史以来通过的最长的立法。该法案于同年 8 月成为法律，允许拥有民选政客的省份从中央政府获得自治权，将选举权扩大到约六分之一的印度人口，并首次允许女性投票。复杂的选举权条款长达 51 页，有些人被排除在选举名单之外，原因各种各样，例如，他是穆斯林选区的锡克教徒等。德里的议会有 250 个席位，其中一半由来自土邦的议员占据，它将成为一个与中央政府分享权力的行政机构。虽然这是向前迈出的一步，但该法案被视为又一次拖延。

贾瓦哈拉尔·尼赫鲁就是对该法案感到失望的人之一。尼赫鲁生于 1889 年，毕业于哈罗公学和剑桥大学，和甘地一样，他也曾在内殿法律学院学习法律。他的父亲莫特拉尔·尼赫鲁是阿拉哈巴德高等法院的律师，并于 1919 年当选国大党主席。1923 年，尼赫鲁被选为国大党总书记，并迅速成为国大党的主要理论家。他的作品主要是在长期服刑期间创作的，这些作品反驳了英国的说法，即印度是一个因种姓、宗教和语言而分裂的国家，需要殖

贾瓦哈拉尔·尼赫鲁(左)和泰戈尔(右)都有一个世俗主义印度的愿景。尼赫鲁也受到这位诺贝尔文学奖得主的孟加拉语著作和他的普世性理论的影响。

民主义的仁慈之手来统一它。尼赫鲁将该法案斥为旨在维护英国统治的“奴隶制宪章”，称这份保护措施完备的文件是“一台有强大刹车但没有发动机的机器”。

尼赫鲁谈印度统一：“自文明诞生以来，某种统一的梦想就占据了印度人的头脑。这种统一并不是外界强加的，也不是外在事物甚至信仰的标准化。这是一种更深刻的东西，其中包括对不同信仰和习俗最广泛的宽容、承认，甚至是鼓励。”

虽然尼赫鲁心存疑虑，但国大党党员还是参加了 1937 年 3 月的印度省级选举。计票时该党在 5 个省份赢得了绝对多数，在另外 4 个省是最大的单一政党。在要求政府确保不会利用其特殊权力之后，国大党在除了旁遮普省、信德省和孟加拉省之外的省份设立了部长。相比之下，穆斯林联盟在为穆斯林保留的 482 个席位中勉强获得了四分之一。真纳要让几个省份组建联盟的提议遭到了国大党的冷遇，国大党发现自己获得了民众的支持，现在控制了除安全和国防之外的大部分政府职能。

国大党对穆斯林联盟的拒绝标志着印度教信徒和穆斯林携手走向独立的真正机会结束了。穆斯林日益增长的疏离感和不安全感受到印度教沙文主义政党的煽动，其中最突出的是全印度印度教联盟（All-India Hindu Mahasabha）。按照联盟主席 V. D. 萨瓦尔卡（V. D. Savarkar，1883—1956）的说法，印度教信徒之所以团结在一起，是因为“我们对共同的祖国的纽带、流淌在我们血管里的同样的血液，以及我们对我们的伟大文明或印度教文化的共同敬意”。只有起源于印度的宗教的信徒才能成为印度教信徒——这一标准包括锡克教徒、佛教徒和耆那教徒，但不包括穆斯林。直到今天，这种划分仍然是印度教民族主义或印度教至上意识形态的核心。1938 年，尼赫鲁坚持禁止印度教激进主义者进入国大党，试图平息穆斯林的恐惧，但没有成功。这方面的努力太少了，也太迟了。到 1940 年穆斯林联盟在拉合尔召开会议时，为穆斯林建立一个独立国家的想法已经不仅仅是一个目标，还有了一个名字：巴基斯坦，意为“纯洁的国度”。

退出印度和独立倒计时

1939 年 9 月 3 日，英国（也包括印度）向德国宣战时，没有征求国大党的意见。相反，政府出台了一系列限制省级政府自治权和限制公民自由的新法律。虽然甘地致力于非暴力，但他在与总督林利思戈勋爵（Lord Linlithgow，1887—1952）的一次会议上宣布支持英国。国大党工作委员会紧随其后，通过了一项决议，重申其“完全不赞成法西斯主义和纳粹主义的意识形态和实践，以及它们对战争和暴力的美化、对人类精神的压制”。但它也强调，“印度的战争与和平问题必须由印度人民来决定”。英国政府被要求“明确声明他们在民主、帝国主义和设想中的新秩序方面的战争目标是什么，特别是这些目标将如何适用于印度，以及如何在当前实现这些目标”。英国以自由的名义而战，却拒绝让印度人自治，这被认为是虚伪的。当林利思戈回避这个问题时，国大党的九个省级部长提出辞职以示抗议。对于穆斯林联盟来说，这些辞职是值得庆祝的，因为他们相信，国大党的统治终于结束了。1940 年 3 月，穆斯林联盟通过了巴基斯坦决议，要求在印度西北部和东部地区建立“独立国家”。然而如何实现这一目标的计划却付之阙如。

随着 1940 年 9 月日本加入战争，1942 年 2 月新加坡突然沦陷以及日本迅速通过缅甸向前推进，日本入侵印度似乎只是时间问题。在孟加拉，4 万多艘船被凿沉，以防止它们落入日本人之手。在马德拉斯，政府官员被分散到内地，动物园里的老虎被射杀，以防它们被从笼子里放出来，在街上游荡。

印度国民军（Indian National Army）准备配合日军前进。印度国民军由数千名被日本军队扣押的印度战俘组成，由苏巴斯·钱德拉·鲍斯（Subhas Chandra Bose，1897—1945）领导，他曾短暂担任国大党主席，后来因激进观点被尼赫鲁和甘地赶下台。1940年底，鲍斯因组织反英抗议活动被捕，之后他上演了一次精彩的逃亡，途经阿富汗和苏联前往德国。欧洲轴心国控制地区的印度人称他为“内塔吉”（Netaji，意为“令人尊敬的领导人”）。1943年，他乘坐潜艇抵达日本占领的新加坡，然后前往日本人手中唯一的印度领土安达曼群岛。这里变成了自由印度临时政府（Azad Hind）所在地，鲍斯担任政府首脑。最终，印度国民军从未对印度构成威胁。在参加战斗的6 000名士兵中，死于疾病的人比死于战斗的人还要多，许多人受到他们所谓的盟友日本人的虐待和忽视。就在日本投降前几周，鲍斯在飞往东京的途中死于飞机失事。

1942年3月，丘吉尔战时内阁的社会主义成员斯塔福德·克里普斯（Stafford Cripps，1889—1952）飞往印度，提出了迄今为止对印度独立影响最深远的建议。作为对印度支持战争的回报，政府承诺“尽早实现自治”。一个“新印度联盟”将被创建，这是一个“自治领，与英国和其他自治领共同效忠于国王，但在各方面与它们平等，绝不从属于它们”。国大党被邀请加入总督议会，并作为印度政府的内阁来活动。一旦战争结束，印度将获得完全的自由，至于是留在大英帝国内部，还是退出大英帝国，这个选择将取决于它的新领导人。

虽然包括尼赫鲁在内的一些国大党领导人准备接受这些提议，但强硬派和其他党派的代表对英国宣布分享行政权力的意图的真实性表示怀疑，尤其是在国防等关键领域。一项允许各省和各邦最终脱离联邦的条款被认为是为了安抚穆斯林联盟和土邦。最后，克里普斯在任何协议都未达成的情况下就离开了印度。甘地称克里普斯的提议是“一家倒闭银行的远期支票”。

甘地还想到了另一种破产。不合作运动并没有成功地把英国人赶出印度，他的绝食也没有什么效果，与总督的谈判和在伦敦举行的圆桌会议也没有取得什么结果。甘地认为英国无法抵挡轴心国的进攻，认为英国是时候“让印度听天由命”了。1942 年 8 月 8 日，全印国大党委员会批准了他迄今为止最冒险的举动，《退出印度决议》(Quit India Resolution) 授权“在尽可能广泛的非暴力路线上开始群众斗争”。正如甘地第二天所宣称的 :“不实现彻底的自由，我是不会满足的。我们要么成功，要么成仁 ; 要么实现印度的自由，要么为之牺牲。”

这将是甘地在战争结束前发表的最后一份宣言。他刚发表过宣言没多久，就和几乎所有的国大党领导人一起被捕了。在没有人指导的情况下，志愿者们只好自己做决定。在许多城市和城镇，抗议活动基本上是和平的，但在警察以用警棍殴打、解雇和更多的逮捕作为回应后，这些抗议很快演变成了暴力。制造战争物资的工厂遭到破坏，电报线路被切断。欧洲人被从脱轨的火车中拖出来并被杀害。一些地区建立了“国民政府”。在写给丘吉尔的信中，林利思戈总督称这次动乱是“自 1857 年以来最严重的一次叛乱”。

甘地的“退出印度运动”被形容为他的“最后一次孤注一掷”。真纳将其称为“圣雄喜马拉雅山般的错误”。大多数历史学家对此表示赞同。国大党领导人被监禁让穆斯林联盟获得了力量，并推动了分裂。在世界大战期间，英国人几乎不用担心国内的公众舆论，即使他们对国大党采取强硬措施——他们确实这样做了。随着日本占领东南亚的大部分地区，作为资金、物资和人力来源的印度比以往任何时候都重要。英国官员认为，如果屈服于国大党的要求，有可能引发社会冲突——这是英国无法承受的。这也事关自尊。英国从未放弃领土，除非通过战争，而印度是其帝国皇冠上的宝石。只要头号帝国主义者丘吉尔担任首相，印度独立就算不是注定要失败，也不会成为优先考虑的问题。

在印度家门口，伴随着战争威胁的是另一个噩梦：孟加拉的饥荒。连续几年的稻谷歉收、缺少船只运送粮食、战争导致缅甸大米供应中断以及印度商人囤积大米，这些因素加在一起，导致了 20 世纪最严重的一次饥荒。丘吉尔不妥协的态度导致了这场灾难，他不同意用负责欧洲防务的船只来给饥饿的人运送食物。丘吉尔得意地说，饥荒与否并不重要，因为“印度人会像兔子一样繁殖”。在即将上任的总督韦维尔勋爵（Lord Wavell，1883—1950）推翻丘吉尔的政策并命令印度军队开始分发食物之前，有 150 万人到 300 万人死亡。

与命运的约定

1945 年 5 月 7 日，欧洲战争结束，英属印度帝国的大幕终于开始落下。7 月 26 日，丘吉尔领导的保守党政府被长期支持印度独立的工党击败。新首相克莱门特·艾德礼下令从监狱释放国大党领导人。第二年年初，英国向印度派出了内阁代表团。摆在桌面上的问题不再是英国是否会从印度撤军，或者在什么情况下撤军，而是何时才能实现权力交接，最重要的是权力移交给谁。

在尼赫鲁看来，穆斯林联盟是英国统治的产物，是其分而治之策略的一部分。他认为，一旦英国人离开，穆斯林就会涌向国大党。但他的统一印度梦并没有实现。1945 年 12 月和 1946 年 1 月举行的省级议会选举只是加深了社会分歧，国大党在印度教信徒占多数的地区占主导地位，而穆斯林联盟在穆斯林高度集中的地区获胜。作为印度穆斯林无可争议的领袖，真纳现在被授权推动建立他们自己的国家。

经过两个月的审议，英国内阁代表团提出了一个复杂的三层治理结构。穆斯林联盟接受了这一方案，虽然它没有包括建立独立伊斯兰国家的条款。在有所保留之后，国大党也同意了一项安排，即它将与穆斯林联盟分享内阁职位。正是甘地破坏了印度可以保持统一的最后希望，他拒绝支持任何给予穆斯林联盟和国大党平等宪法代表权的协议，称这种平等“比巴基斯坦更糟糕”。双方关系急剧恶化。在孟买会见尼赫鲁后，真纳宣布他将不再与他的对手有任何关系，并宣布 1946 年 8 月 16 日为“反对国大党暴政”和支持巴基斯坦建国的直接行动日。黑旗悬挂在穆斯林的房屋上。他的声明引发了后来被称为“加尔各答大屠杀”的事件，在长达一周的集体大屠杀中，数千人丧生。

由于担心印度会迅速陷入内战，韦维尔宣布了一项“分解方案”（Breakdown Plan），要求英国在 1948 年 3 月 31 日之前从南到北一个省一个省地撤离。伦敦方面否决了这一方案，认为这是放弃权力，而不是有序移交。韦维尔被召回，英国撤军的日期被修改为 1948 年 6 月。在同一份声明中，艾德礼确认，印度最后一任总督将是路易·蒙巴顿（Louis Mountbatten，1900—1979）。蒙巴顿曾是盟军在东南亚的最高指挥官，也是乔治五世国王的堂侄，他可以自由地达成和解，而不必向伦敦的上级汇报。这一次，国大党和穆斯林联盟都对此举表示欢迎。

1947 年 3 月 22 日，蒙巴顿抵达印度后没几天，就展开了魅力攻势，在就职演说中强调他这个总督“不是一个普通的”总督，他寻求“尽可能多的印度人的最大善意”。他迷人的坦率很快赢得了甘地、尼赫鲁和其他国大党高级领导人的支持。尼赫鲁与蒙巴顿的妻子埃德温娜（Edwina，1901—1960）建立了特别密切的关系，据印度军队指挥官克劳德·奥金莱克（Claude Auchinleck）的军事秘书沙希德·哈米德（Shahid Hamid）说，这“引起了许多人的惊讶”。然而，蒙巴顿没能赢得真纳的支持，他私下里称真纳为“邪恶的天才”、“疯子”和“精神病患者”。

新任总督很快就意识到分治不可避免。国大党最终在 4 月 28 日签署了分治方案，尼赫鲁认为巴基斯坦撑不过几年，最终会回到印度的怀抱。蒙巴顿也持同样的观点，他把巴基斯坦比作一个活动营房——一种很容易拆除的临时建筑。在总督的压力下，真纳不得不放弃建立一个领土完全连接在一起的国家的梦想，转而接受了他所谓的“截了肢的、被虫子蛀了的”巴基斯坦，包括穆斯林占多数的西旁遮普和东孟加拉，这两个地区相距2 000多千米，中间隔着印度领土。在质疑其可行性的人中，有孟加拉总督R. G. 凯西（R. G. Casey，1890—1976），他预测人口更多、语言和种族更独特的东巴基斯坦最终会独立。后来的事实证明他的预言是正确的。1971年，在一场血腥内战的废墟之上，孟加拉国建立。

6月4日，也就是双方同意分治计划的第二天，蒙巴顿在新闻发布会上说，权力移交“可能在8月15日前后”，将之前的时间表缩短了近一年。他后来承认，这个日期是他凭空捏造的，只留给政府73天的时间来从宪法、军事和经济上为独立做出必要的安排。此时国大党已经接受了分治不可避免的事实。但两个主要障碍仍然存在：第一个障碍是说服占据次大陆三分之一领土的数百位王公放弃他们的权力，他们要么加入印度，要么加入巴基斯坦。第二个障碍是划定即将独立的两个国家的边界。承担这项几乎不可能完成的任务的人是伦敦律师西里尔·拉德克利夫（Cyril Radcliffe，1899—1977），他以前从未去过印度，这是真纳和尼赫鲁都愿意接受的——缺乏经验比偏见更可取。大多数王公都接受了他们的命运，但生活在即将划定的边界两侧的印度教信徒、穆斯林和锡克教徒都在为最坏的情况做准备。

8月15日午夜前夕（这是占星家认为的吉日），贾瓦哈拉尔·尼赫鲁在新德里的立法议会上发表讲话，他宣布："多年前我们发誓要掌握自己的命运，现在是我们实现誓言的时候了……在午夜钟声敲响之时，全世界都在沉睡，印度将为赢得生命和自由而苏醒。"两天前，蒙巴顿夫妇飞往卡拉奇，那里将于 8 月 14 日举行巴基斯坦独立的纪念仪式。在议会厅发表演讲后，总督坐在现已成为巴基斯坦首任总督的真纳旁边，乘坐一辆借来的敞篷劳斯莱斯汽车，在城市中游行。蒙巴顿被告知有一个暗杀真纳的阴谋，他相信他的存在可以阻止印度教信徒或锡克教徒的任何此类企图。

在新划分的地区，种族之间的流血冲突已经失控，而对于那些卷入其中的人来说，没有这样的保护。对于加速权力移交是避免了内战，还是助长了暴力，历史学家们意见不一。杀戮早在 1947 年 7 月就开始了，当时锡克教徒和印度教信徒袭击了开始向西迁移的穆斯林，这些穆斯林担心自己会被困在一个对他们的信仰充满敌意的国家里。在拉德克利夫绘制的边界地图于 8 月 16 日正式发布的前一周，最终草案被泄露给了穆斯林联盟和国大党，暴力事件加剧。

分治引发了历史上规模最大，据估计也是最血腥的强制性移民。多达 1 500 万印度教信徒、穆斯林和锡克教徒越过新划定的边界，回到他们被承诺的家园。伴随着各种清算的是中世纪式的残忍，斧头、镰刀、剑、长矛和棍棒都被用上了。数以千计的妇女被强奸、绑架或肢解。最近的研究表明，死亡人数在 50 万到 60 万，穆斯林和非穆斯林的死亡人数基本上相等。由于英军已经开始撤离，蒙巴顿下令只有在英国国民处于危险之中时英军才能进行干预，而当地警察和军事人员几乎无能为力。一支5万人的边防部队基本上是做不了什么事的，因为它是由印度教信徒和穆斯林士兵组成的，他们不愿意进行不利于自己宗教群体的干预。虽然发生了这样的大屠杀，尼赫鲁却说："我宁愿让印度的每一个村庄都化为灰烬，也不愿意让一名英国士兵在印度多留一分钟。"

圣雄甘地没有出席在德里举行的独立纪念仪式。他在1 500千米外的加尔各答绝食、织布、祈祷。当政府官员让他发表一份纪念8月15日的声明时，他回答说："我已经无话可说了，没有什么要说的了，如果情况不太好，就让它这样吧。"甘地的理想幻灭与次大陆的分裂有关，而分裂是他一直努力反对的。他在加尔各答的出现暂时缓解了困扰这座城市一年多的暴行，印度教信徒和穆斯林一起游行，庆祝独立。但是这个所谓的"加尔各答奇迹"只持续了9天。当印度教暴徒和穆斯林暴徒再次互相袭击时，甘地再次绝食。这一次，不同帮派的头目来到他的床边，承诺改过自新，一些人一边哭一边认罪。

和平恢复后，圣雄前往德里，那里的骚乱仍在继续。他开始走访穆斯林难民营，安抚住在难民营里的人，让他们相信他们在印度是有未来的，并投身于救援工作，帮助受伤的印度教信徒和锡克教徒。1948年1月，已经78岁并且患有肾衰竭的甘地宣布，只要暴力不停止，他会一直绝食下去。效果立竿见影，印度教信徒和伊斯兰组织都承诺会为和平而努力。人们组织起来，修复受损的神庙和清真寺。唯一拒绝和平承诺的政党是极右翼的印度教大斋会（Hindu Mahasabha）。

1 月 30 日，甘地结束绝食 12 天后，一名印度教大斋会的工作人员来到了他在德里柏拉屋（Birla House）参加每日祈祷会。当圣雄被他的两名年轻女助手扶到祈祷场时，纳苏拉姆·高德西（Nathuram Godse）挤过人群。当他来到甘地对面时，他掏出一把伯莱塔手枪连开三枪，甘地几乎当场死亡。圣雄的最后一句话是："嗨，罗摩！"就在几个月前，甘地写道："即使我被杀了，我也不会放弃重复罗摩和拉希姆的名字，它们对我来说意味着同一个神。念着这样的名字，我会快乐赴死。"他的愿望实现了。虽然甘地仍然因其非暴力变革的信念而在全世界范围内受到尊敬，但对于他留下的遗产，印度历史学家之间依然存在分歧。苏尼尔·基尔纳尼写道：

> 在一个历史上没有大规模集体行动的社会，在一个政治对大多数人而言是一种遥远而壮观的权力的社会，甘地让人们相信他们可以有所作为。他发起了一场运动，塑造了民族主义的想象力，扩大了世界上异见、抗议与和平分歧的名目。

印度史教授 R. C. 马宗达（R. C. Majumdar）把甘地拉下神坛，坚称他"既缺乏政治智慧，也缺乏政治策略"。他远不是绝对正确的，"为了追求一些没有现实基础的乌托邦理想和方法，甘地犯了一个又一个严重的错误"。真相总是介于两者之间。

虽然围绕甘地的圣徒事迹非常多，但可以说，即使没有他，印度依然会获得独立。正如英国学者朱迪斯·布朗（Judith Brown）推测的那样：

> 比一个人的领导力更深层次的经济和政治力量正在使英国和印度之间的联系变得松动，这些力量起源于印度、英国，以及更广泛的世界范围的经济状况和势力平衡。然而，他的技巧和他独特的天赋赋予这场民族主义运动鲜明的特征，并赋予它不同于20世纪其他反帝国主义的民族主义的特征。

现在，尼赫鲁和其他政治领袖要把甘地为自由印度而奋斗的目标变成现实。

第九章

创建民族国家

圣雄甘地遇刺给独立初期的印度蒙上了一层长长的阴影。地方自治主义的力量在这个国家最脆弱的时候袭击了它。但事实证明，甘地对新印度的构想比杀害他的凶手用来为自己的行为辩护的仇恨信息更具韧性。贾瓦哈拉尔·尼赫鲁是一位强大而有魅力的领导人。在亚洲最大、最有效的政治组织国大党的支持下，他着手确立新印度国家的四大支柱：世俗主义、民主主义、社会主义和不结盟。

这个新生国家面临的挑战是巨大的。大约有 800 万难民必须得到食物、住房并融入社会。1951 年，印度在独立后进行第一次人口普查时，识字率仅为 16%。在农村地区，只有 4.9% 的妇女能读会写。平均预期寿命为 32 岁，47% 的农村人口生活在贫困线以下（这一比例在 20 世纪 50 年代中期达到 64% 的峰值）。英国人可能给印度留下了令人羡慕的铁路网和灌溉运河，但工业产值仅占国民收入的 6.5%，工业雇用的劳动力不到人口总数的 3%——自 20 世纪初以来，这一数字几乎没有变化。在 64 万个村庄中，只有 1 500 个村庄用上了电。1951 年，印度有 3.6 亿人口，但初级卫生诊所只有 735 个。印度的新领导人还面临着统一一个因语言、宗教、地理、种族尤其是种姓而分裂的异质社会的挑战。作为一种等级制度，种姓制度与政治平等的理念背道而驰。在东北部，纳迦（Naga）部落发动了武装起义，要求建立一个独立的国家，叛乱也在德干地区失控。

作为一个国家，影响印度存续的直接威胁来自一个意想不到的方面。就在印度独立之前，562 个土邦的统治者被赋予选择权，他们要么加入印度，要么投靠巴基斯坦，要么保持独立。除了那些发现自己处在巴基斯坦这个新国家边界内的土邦之外，其他土邦都加入了印度联邦（Indian Union），只有三个例外。这三个土邦中，面积最小的是位于印度西部卡提阿瓦（Kathiawar）半岛的朱纳格特（Junagadh）。这里的穆斯林王公纳瓦布穆罕默德·马哈巴特·汗（Nawab Muhammad Mahabat Khan，1900—1959）对犬类十分痴迷，他将超过 10% 的国家收入用于维护王室犬舍，而该国人口绝大多数是印度教信徒。1947 年 8 月 15 日，纳瓦布选择加入巴基斯坦。但印度军事干预的威胁和他的印度教臣民的起义促使他及时止损。在将土邦的管理权移交给印度之后，他带着他最喜欢的四条猎犬逃到了卡拉奇。印度撤销了朱纳格特加入巴基斯坦的决定，而巴基斯坦对此不予承认，在巴基斯坦的官方地图上，这个小国仍然是巴基斯坦领土的一部分。

一场更为严重的危机正在海得拉巴酝酿，其统治者尼扎姆奥斯曼·阿里·汗（Nizam Osman Ali Khan，1886—1967）因拥有大量土地和珠宝而被认为是世界上最富有的人。与朱纳格特的情况一样，身为穆斯林的尼扎姆统治着以印度教信徒为主的人口。在由伊斯兰狂热分子组成的民兵组织拉扎卡尔（Razakar）的怂恿下，他宣布海得拉巴独立。考虑到海得拉巴的战略地位、国土面积（与法国大致相同）以及这样做将开创的先例，印度新政府并不准备支持这一决定。虽然留在印度、作为印度首任总督的蒙巴顿勋爵尽了最大努力，但阿里·汗拒绝让步。尼赫鲁失去了耐心，他决定用武力解决问题。印度军队很快就击败了海得拉巴装备简陋的军队，海得拉巴在 1948 年 9 月 18 日投降。几天前刚刚去世的真纳曾预言，如果海得拉巴被入侵，将有 1 亿穆斯林揭竿而起。起义没有发生，但这场代号为“马球行动”（Operation Polo）的吞并导致了数千平民死亡，并引发了印度教信徒对穆斯林的报复性袭击。

查谟和克什米尔是最复杂的难题。印度教信徒哈里·辛格（Hari Singh，1895—1961）王公统治着一个与印度和巴基斯坦新领土接壤的异质国家。查谟地区的主要居民是印度教信徒，而该地区东部的拉达克的居民主要是佛教徒。只有美丽得令人惊叹的克什米尔谷地的居民以穆斯林为主。早在 1946 年 7 月，这位王公就有过独立的想法，怀揣着要让他的国家成为独立和中立的“东方瑞士”的梦想。与朱纳格特和海得拉巴不同，该邦有一个组织良好的反对派，它由富有魅力的穆斯林政治家谢赫·阿卜杜拉（Sheikh Abdullah，1905—1982）领导。作为尼赫鲁的亲密盟友，他希望克什米尔留在印度。

哈里·辛格面临着艰难的选择。他厌恶国大党，就像国大党厌恶他一样。加入印度意味着他的封建独裁统治的终结。他如果加入巴基斯坦，命运也会是同样的。当主要来自巴基斯坦西北边境省的部落民兵帕坦人于 1947 年 10 月 22 日开始越境进入克什米尔时，这个问题迎刃而解。四分之三个世纪过去了，关于他们为什么入侵、谁在帮助他们，仍然没有明确的答案。可以肯定的是，印度完全措手不及。当入侵者距离斯利那加（Srinagar）只有 80 千米时，王公发出了紧急的军事援助请求。尼赫鲁同意了，但条件是克什米尔必须加入印度。哈里·辛格别无选择，只能服从。在签署加入协议的几个小时内，数千名印度士兵被空运到斯利那加。在占领了首都之后，军队开始夺回被巴基斯坦非正规军占领的城镇。虽然克什米尔得救了，但它的前途仍有待谈判。敌对行动并没有结束。1948 年冬雪融化后，战斗重新打响，装备更好的巴基斯坦支持的部队在该邦北部取得了重大进展。

到 1948 年联合国匆忙斡旋停火时，巴基斯坦已经拥有克什米尔山谷以北和以西的山脉和山谷。控制线成了事实上的边界。尼赫鲁同意举行公民投票，让克什米尔人民选择自己的未来，但这从未发生。由于尼赫鲁未能兑现自己的承诺，谢赫·阿卜杜拉与尼赫鲁对立起来。谢赫·阿卜杜拉将因为鼓吹分裂主义观点而在监狱里度过余生大部分的时间。今天，克什米尔问题仍然是南亚次大陆最棘手和危险的政治问题。

印度共和国的诞生

尼赫鲁对世俗主义的承诺是坚定不移的。在《印度的发现》一书中，他坚持认为，“将印度文化称为印度教文化完全是一种误导”。保障少数群体的权利是印度宪法的核心原则。经过四年的酝酿，印度宪法于 1950 年 1 月 26 日生效，将印度从一个以英国君主为国家元首的自治领变成了一个成熟的共和国。宪法共有 395 条、8 个附表，是世界上最长的宪法。宪法起草委员会的主席是印度第一位法律部长和贱民领导人 B. R. 阿姆倍伽（B. R. Ambedkar）。圣雄甘地的支持者主张制定一部基于地方选举产生的乡村共和国

阿姆倍伽对政府未能废除贱民制度感到失望，在 1956 年的一次大型群众集会上，他和数千名印度教贱民皈依了佛教。

的宪法。另一个极端是那些主张美国式总统制的人。最终这两种模式都被否决了，取而代之的是威斯敏斯特模式，人民院（Lok Sabha）在普遍选举的基础上产生，联邦院（Rajya Sabha）作为审查机构。联邦院成员要么由总统任命，要么由各邦立法议会选出。一个复杂的财政联邦制系统负责税收工作。

民主在行动

印度的第一次全国选举于 1951 年举行。所有 21 岁以上的公民（当时人数超过 1. 7 亿）都必须登记，虽然他们没有身份证件，并且 85% 的人不会读写。489 个人民院席位和 4 000 个省级议会席位的选举同时举行。这次选举需要 5. 6 万名主持人员和 22. 4 万名警察维持 132 560 个投票站的安全。各种各样的符号代表着不同的政党。在加尔各答，流浪牛身上也被写上了标语，恳求人们投票给国大党——它的象征是两头公牛和一把犁。投票率略低于 46%。国大党轻松获得人民院 364 个席位和 45% 的选票。主要反对党印度共产党在议会中只获得 16 个席位。到 2019 年大选时，合格选民（18 岁及以上）的总数已增至 9. 11 亿。选民投票率为 67%，创历史新高，女性选民投票率为 68%，也创下了历史新高。当时有 100 多万个投票站，许多都装有电子投票机。超过 225 万名警察和准军事人员提供了安全保障。印度人民党赢得了人民院 543 个席位中的 303 个，而国大党的席位减少到了

52 个。女性候选人的比例从 1957 年的 2. 9% 上升到 2019 年的略低于 8%。人民院只有 66 名女性议员，按女性议员比例计算，印度在 193 个国家中排名 149 位。

印度宪法确立了三权分立、法律面前人人平等、宗教自由和言论自由等原则。禁止基于宗教、种族、种姓或性别的歧视。宪法第 17 条废除了贱民制度。虽然宪法没有规定为穆斯林或妇女保留职位，但它建议政府部门、大学和各邦立法机构为妇女和穆斯林保留一定数量的席位。印度宪法最具争议的方面是它赋予总统宣布紧急状态、中止宪法和拘留任何被认为对国家安全构成威胁的人的权力。四分之一个世纪后，英迪拉·甘地（Indira Gandhi，1917—1984）利用这些权力触发了持续近两年的国家紧急状态。总统还有权暂停各邦立法机构，使得德里方面可以直接统治各邦，这种权力从 20 世纪 80 年代开始越来越频繁地被使用。虽然宪法保障了男女平等，但妇女的待遇仍很差。童婚很普遍，离婚很困难，妇女的继承权和财产权受到严重限制，她们受教育的机会也是如此。

“印度式增长率”

尼赫鲁自力更生的经济信条在其思想和实施方面都是社会主义的。1927 年访问苏联后，他兴高采烈地宣称：“如果说未来充满希望，那主要是因为苏联及其所做的一切。”他在自传中曾说，马克思主义哲学“照亮了我心灵中许多黑暗的角落”。但他并没有幻想社会主义制度可以不加调整就适应印度的情况。虽然国家将控制经济的制高点，但私营部门被允许投资政府批准的高优先级行业。为了创造一个以社会公正为基础的社会，土地所有权被设定了上限，富裕的个人和企业被征收高额税款。外国商品的进口受到严格限制。

五年计划确定了生产目标，并监测国家的经济发展。其目标是实现由国家控制的公共部门主导的工业自力更生，其公共部门后来成为共产主义阵营之外世界上最大的公共部门。尼赫鲁所说的“现代印度的新寺庙”包括大型钢铁厂、炼油厂、发电厂、水泥厂和化肥厂。大坝的修建几乎没有考虑到它们对环境的影响，也没有考虑到它们不可避免地会使成千上万的贫困农民流离失所。高度保护主义的关税壁垒（关税通常高达 350%）导致过时、低效和劣质产品激增，其中最知名的是“大使”牌轿车。

“大使”牌汽车由贝拉集团生产，该集团是几家备受注目的家族企业之一，在英国统治下声名鹊起，但现在发现自己受到了监管的阻碍。这家集团公司负责生产“大使”牌汽车的是印度斯坦汽车公司（Hindustan Motors）。如果印度斯坦汽车公司希望通过增加动力转向等基本功能来改善业绩，其经理们也会遇到官僚主义的重重障碍，而这些障碍会扼杀创新。从雇用、裁员到建造新工厂，制造过程的每一个方面都受到所谓的“许可证制度”（Licence Raj）的监管。外汇管制使得进口新技术和设备几乎不可能。然而，贝拉集团几乎不会抱怨。由于受到高关税壁垒的保护，这家

以莫里斯·牛津系列 III 为基础，从 1956 年到 2014 年，“大使”牌汽车只在生产线上进行了最小的修改。据一位评论家说，它“有一个像牛车一样的转向装置，像酋长一样狂饮汽油，像暴饮暴食者一样摇摇晃晃，但在所有经销商那里都有几年的等待名单”。

公司不受东亚更便宜、制造更精良的汽车的影响，因此没有竞争对手。这使得这家公司几乎没有动力去改进产品或提高效率。

国有部门也是同样的情况。在 20 世纪 80 年代中期，印度钢铁管理局公司（Steel Authority of India）雇用了 24.7 万人生产了 600 万吨钢铁，而韩国只需要 1 万名工人就能生产 1 400 万吨钢铁。港口、公路、铁路、发电和通信方面的投资不足，加剧了经济的糟糕表现。在独立后的前 40 年里，印度经济几乎没有摆脱饱受诟病的 3.5% 左右的“印度式增长率”，这个数字略高于 2.5% 的人口年增长率。同期，巴基斯坦实现了 4% 的经济年增长率，而韩国达到了 9%。韩国的人均收入在 1947 年是印度的 2 倍，1990 年增长到印度的 20 倍。

尼赫鲁的新印度构想的第四个主要支柱是不结盟政策。1947 年，他在阐述这一政策时表示，在美国和苏联之间，印度不会为了“美国人桌子上可能会掉下来的一些面包屑”而选择美国。随着欧洲的去殖民化，尼赫鲁将印度的独立视为亚洲复兴的一部分。在一个日益两极化的世界中，一个不结盟集团可以发挥稳定作用。1955 年，尼赫鲁在印度尼西亚举行的万隆会议上发挥了主导作用，来自 29 个国家的代表参加了这次会议，这被认为是不结盟运动的开端。

尼赫鲁于 1964 年 5 月 27 日去世，在国大党内部引发了一场短暂的权力斗争，最终拉尔·巴哈杜尔·夏斯特里（Lal Bahadur Shastri，1904—1966）被选为新总理。巴基斯坦总统、陆军元帅阿尤布·汗（Ayub Khan，1907—1974）认为夏斯特里是一个软弱无能的领导人，并认为此时的印度也软弱可欺。1965 年 4 月，伪装成“平民志愿者”的军队越过控制线涌入印控克什米尔，希望占领斯利那加，并准备在山谷中煽动一场亲巴基斯坦的起义。斯利那加没有被占领，起义也没有发生。作为反击，夏斯特里命令军队攻占拉合尔。遭遇耻辱性失败的阿尤布·汗不得不求和。他的地位一落千丈，两年后，他在一场人民起义中被推翻。对印度来说，击败巴基斯坦是一个高光时刻。但夏斯特里几乎没有时间来享受这种喜悦。1966 年 1 月 11 日，他在与巴基斯坦签署和平协议从而正式结束战争的一天后，死于心脏病。

这一次，国大党主席 K. 卡马拉杰（K. Kamaraj，1903—1975）

决定支持尼赫鲁的女儿英迪拉上台，她曾在夏斯特里政府中担任新闻广播部长。卡马拉杰和他的小集团认为，这个“傻乎乎的娃娃”（他们在背后这样称呼她）很容易被控制。他们错了。英迪拉从父亲那里学会了政治操纵的艺术。她也成了政治生存的大师。她的第一个挑战是应对该国糟糕的经济形势，而且，因为与巴基斯坦的战争以及一系列季风不至（即季风带来的降雨量远远低于正常水平），经济形势更加糟糕了。印度依赖美国的粮食援助和国际货币基金组织（IMF）的紧急救助来维持经济运转，这导致她的敌人指责她将印度出卖给外国利益集团。虽然竞选行程超过 2.4 万千米，并在 160 多场集会上发表了演讲，她还是未能阻止正在侵蚀国大党的腐败。1967 年的民意调查显示，在 520 个席位中，国大党的多数席位减少到 283 个。这种衰落的主要受益者是印度共产党和极右翼的人民同盟（Jan Sangh），它们分别获得了 42 个席位和 35 个席位，其他受益的还有地区组织，如旁遮普邦的阿卡利达尔党（Akali Dal）和南印度的达罗毗荼进步联盟（Dravida Munnetra Kazhagam，简称 DMK）。尼赫鲁家族的魔力正在消失。

选举结果也加强了英迪拉的主要竞争对手莫拉吉·德赛（Morarji Desai，1896—1995）的实力，他得到了国大党内部强大的邦级领导人的支持。这些人被称为辛迪加派（Syndicate）。面对挑战，英迪拉将该党的意识形态急剧转向左翼，宣布了一项银行国有化计划，废除了印度前皇室享有的专用金和其他特权，这些人一些已经进入政界，并以反国大党的立场在人民院赢得了席位。

英迪拉·甘地成为世界上最有权势的女性之一，但在她 1975 年宣布全国进入紧急状态后，她的政治遗产就被玷污了。

家族政治

政治王朝在南亚蓬勃发展。在斯里兰卡，西丽玛沃·班达拉奈克（Sirimavo Bandaranaike，1916—2000）接替丈夫成为民主国家的第一位女性国家元首。印度的英迪拉·甘地是第二位。在巴基斯坦，贝娜齐尔·布托（Benazir Bhutto，1953—2007）在其父亲佐勒菲卡尔·阿里·布托（Zulfikar Ali Bhutto，1928—1979）遇害后，女承父业。在孟加拉国，谢赫·哈西娜（Sheikh Hasina）仍然主导着她父亲建立的国家的政治。印度王朝统治的根源可以追溯到1929年，当时莫特拉尔·尼赫鲁让他的儿子贾瓦哈拉尔·尼赫鲁做了国大党主席。1959年，贾瓦哈拉尔对他的女儿英迪拉重复了这种做法。英迪拉的姓氏来自她与费罗兹·甘地（Feroze Gandhi）的短暂婚姻，与圣雄甘地没有关系。1984年英迪拉被暗杀后，接力棒传给了她的儿子拉吉夫（Rajiv，1944—1991）。1991年拉吉夫去世后，国大党向他的出生于意大利、信奉罗马天主教的妻子索尼娅（Sonia，生于1946年）伸出了橄榄枝。她拒绝了这个提议，但后来依然成了国大党主席。她的儿子拉胡尔（Rahul，1970年出生）领导国大党在2014年和2019年的选举中遭遇了耻辱性的失败。

英迪拉的民粹主义政策引起了国大党的分裂。1969年，她与德赛和辛迪加派反目，成立了一个分裂派系，带走了该党的大部分保守派。党内选举被废除，忠诚成为获得中央和各邦高级政党职位的唯一资格。就这样，该党完成了从一个正常运作的政党向尼赫鲁家族遗产的过渡。

英迪拉的声望即将得到进一步提升。1970年，西巴基斯坦和东巴基斯坦举行选举，结束了数十年的军人统治。这次投票突显了该国两地区之间的深刻分歧。在东巴基斯坦，谢赫·穆吉布·拉赫曼（Sheikh Mujibur Rahman，1920—1975）领导的人民联盟（Awami League）在人们对中央政府缺乏资源投入的不满浪潮中获胜，1971年3月，他兑现了该党的选举承诺，宣布孟加拉国独立。作为回应，巴基斯坦派遣坦克进入达卡街头，引发了内战。数以百万计的难民涌入印度西孟加拉邦。同年 12 月，巴基斯坦空军开始炮击印度机场，这为印度派遣军队进入东巴基斯坦提供了借口。巴基斯坦的回应是入侵印度西部边境。美国第七舰队前往孟加拉湾的消息让人们以为美国将站在盟友巴基斯坦一边进行干预。但是已经太迟了。12 月 16 日，经过两周的战争，印度在东巴基斯坦接受了 9.3 万名巴基斯坦军队的投降。西线已经停火，印度在这里击退了巴基斯坦军队，占领了约 1.3 万平方千米的领土。通过单方面结束战争，英迪拉恢复了印度的骄傲。媒体把她比作印度教中骑虎的战争女神杜尔加（Durgā）。在被来自西方的穆斯林入侵者和欧洲殖民者羞辱了 1 000 年之后，印度人总算尝到了胜利的滋味。此时，英迪拉正处于权力的巅峰，根据盖洛普民意调查，她是世界上最受尊敬的女性。1971 年 3 月，她承诺结束贫困，并要求举行大选。英迪拉・甘地派东山再起，赢得了人民院 352 个席位。国大党另一个派系只赢得了 16 个席位。但是，这种好日子并没有持续多久。

在国大党赢得大选仅仅两年后，石油输出国组织的阿拉伯成员国就削减了石油产量，并将石油价格提高了两倍，以报复赎罪日战争。由于严重依赖进口石油，印度经济一度陷入停滞，年通胀率达到 33%。英迪拉关于消除贫困的不切实际的竞选承诺听起来越来越空洞，她采取了民粹主义路线，下令收紧管理大型企业的规则，这些企业现在需要获得许可才能扩大产能、投资新设备或与其他公司合并。

至暗时刻

1974年，印度在塔尔沙漠成功进行了核试验，使该国成为世界上第六个拥有核武器的国家。但是，如果这样做的意图是赢得民众的支持，那么它不幸地失败了。随着印度的经济弊病开始成为焦点，阿卡利达尔党和达罗毗荼进步联盟等地区政党、共产党、极右翼印度教民族主义者以及英迪拉在党内的老对手开始团结在甘地主义者、社会主义者贾雅·普拉卡什·纳拉扬（Jaya Prakash Narayan，1902—1979）周围。更糟的事还在后面。1975年6月，阿拉哈巴德高等法院对四年前提交的一份请愿书做出裁决，认定英迪拉犯有选举舞弊罪，实际上取消了她的议会选举权，并禁止她在六年内竞选公职。

英迪拉没有辞职，而是迫使顺从的总统宣布从1975年6月26日午夜开始全国进入紧急状态。宪法被中止，数百名反对派领导人被捕，报社被停电，国民志愿服务团（Rashtriya Swayamsevak Sangh，简称RSS）这样的组织被取缔。根据大多数估计，未经审判而被拘留的人数约为11万。英迪拉辩护说，宣布国家进入紧急状态是“拯救国家免于分裂和崩溃”的必要措施。她坚持认为，这不是废除民主，而是“努力维护民主”。事实正好相反。议会迅速通过的宪法第38、39条修正案禁止对紧急状态进行司法审查，并取消了最高法院质疑总理选举的权利。

紧急状态中最令人震惊的过度行为是由英迪拉的儿子桑贾伊（Sanjay，1946—1980）策划的，他是该党青年派的领导人。在桑贾伊的命令下，贫民窟被铲平，600多万人（其中大部分是男性）被迫绝育，这一数字是被纳粹绝育人数的15倍。没有完成配额的官员会被解雇或被赶出政府住房。这场运动使自愿计划生育的努力倒退了10年。

1977年1月，英迪拉突然出人意料地取消了紧急状态。这一决定的背后是傲慢，而不是对民主的承诺。她认为在即将到来的全国选举中，自己完全有把握获胜，她的无情统治模式可以在民主幌子的掩盖下继续下去。这场赌博的结果完全出乎她的意料。选举结果公布时，国大党仅赢得154个席位，是迄今为止表现最差的一次。在该党的中心地带北方邦，该党在每个选区都失利了。她的宿敌莫拉吉·德赛成为总理和人民党联盟领导人。

作为印度联合政府的第一次尝试，人民党联盟以惨败告终。它由代表社会主义者、右翼团体和农民的政党组成，因没有共同的目标，人民党联盟很快就陷入内斗。1979年底，被德赛解雇的两名成员在一项不信任动议中使政府垮台。新的选举将在1980年1月举行。

在桑贾伊的陪同下，62岁的英迪拉踏上了一条艰苦的竞选之旅，行程6.4万千米，每天在两场集会上发表演讲，接触了大约1亿选民。在后来被证明是印度政治史上最引人注目的一次逆转中，她摆脱了紧急状态的污点，带领国大党取得了压倒性胜利，在524个席位的人民院中获得了351个席位的绝对多数。英迪拉重新执政后，桑贾伊被任命为国大党秘书长，这引发了人们对他被培养来接任总理一职的猜测。但1980年6月23日，他的新特技飞机从德里的萨夫达疆机场（Safdarjung Airport）起飞后不久就坠毁了，他和副驾驶当场死亡。悲痛欲绝又孤独的英迪拉让她的大儿子拉吉夫来填补桑贾伊留下的空缺。拉吉夫是一名商业航空公司的飞行员，对政治既没有经验也没有兴趣。1981 年，他从尼赫鲁家族的传统选区——北方邦的阿梅蒂（Amethi）——当选为人民院议员。

在他生命的最后几年里，桑贾伊一直在资助锡克教传教士贾尔内尔·辛格·宾德兰瓦勒（Jarnail Singh Bhindranwale，1947—1984），以削弱旁遮普的主要反对党阿卡利达尔党。国大党担心，阿卡利达尔党要求在印度联邦内建立一个锡克教国家，这会激励其他民族宗教团体提出类似要求，从而把印度变得像巴尔干半岛那样。英迪拉的回应是按照语言划分旁遮普邦，建立了以印地语为主的哈里亚纳邦。此举非但没有安抚阿卡利达尔党，反而鼓励了想要建立自己独立国家的强硬分离主义者。

宾德兰瓦勒没有成为国大党的傀儡，而是培养了对权力的兴趣，要求建立一个清教徒式的锡克教国家哈利斯坦国（Khalistan）。在他的宣传鼓动下，锡克教极端分子转而反对印度教信徒，杀害无辜的平民和安全部门的成员。阿卡利达尔党的温和派成员发现自己也成了宾德兰瓦勒党羽的攻击目标。1984 年 5 月，这位锡克教传教士和他的数百名追随者在阿姆利则的金庙——锡克教徒最神圣的圣地——设置了路障，把这个庞大的建筑群武装起来。6 月 4 日，印度军队发动了“蓝星行动”（Operation Bluestar），派出坦克进入寺庙大院。经过 24 小时的战斗，宾德兰瓦勒和大约 500

名锡克教极端分子死亡。该建筑群遭到严重破坏，许多不可替代的锡克教经文被毁。

针对英迪拉的报复威胁接踵而至，这些威胁主要来自英国、美国和加拿大的大型锡克教社区。但是当有人提议把锡克教护卫从她的安保中除名时，她在文件上写道："我们不是世俗国家吗？" 1984 年 10 月 31 日上午，两名最近恢复做她私人保镖的锡克教军官近距离向她开枪。

全印度广播电台宣布英迪拉去世后不到 40 分钟，拉吉夫·甘地宣誓就任这个世界上最大的民主国家的总理。他对这项工作的准备不足是显而易见的。英迪拉遇刺引发了自印巴分治以来最严重的群体暴力事件，印度北部城市的印度教信徒开始攻击锡克教徒。在大多数情况下，警察要么袖手旁观，拒绝干预，要么在锡克教徒占多数的社区解除武装，让暴徒进行报复。一些国大党领导人没有走上街头镇压暴徒，而是鼓励和领导了暴徒。这场由政府支持的暴力活动持续了三天，造成 3 000 名锡克教徒死亡，财产被毁，信任破裂。两周后拉吉夫才最终承认流血事件。

在 1984 年 12 月的选举中，国大党获得了人民院 543 个席位中的 415 个，这是共和国历史上任何政党也没有取得过的骄人胜利。当一名记者让拉吉夫解释为什么他领导的政党能够如此令人信服地获胜时，拉吉夫回答说："这主要是因为我母亲的去世……没有人了解我，所以他们把对我母亲的崇敬投射到我身上。我成了他们希望的象征。"

“纯净先生”

彬彬有礼、谦逊温和的拉吉夫以“纯净先生”（Mr Clean）的身份开始了公众生活，但他缺乏母亲的气场。让自己远离公众视线，过着特权的生活，这使他与真实的印度脱节了。他最喜欢的口号之一是“到21世纪，每所学校都有一台电脑”，但他忽略了大多数村庄甚至没有通电的事实。虽然他废除了大约30个行业的许可证制度，但经济几乎没有超过“印度式增长率”。在他母亲的领导下，“公事包政治”——商人以政党捐款的名义行贿，以获得合同和经营许可——已经成为一种流行。拉吉夫在1985年12月国大党成立100周年庆典上承认：“腐败不仅被容忍，甚至被视为我们领导的标志。”

18个月后，他的话再次困扰着他，当时瑞典媒体爆出消息称，在从瑞典购买博福斯炮的过程中，国大党政府最高层的官员获得了巨额回扣。这一丑闻导致改革进程停滞。着眼于即将到来的选举，拉吉夫转向了过去非常有效的民粹主义政策——增加奢侈品税，引入农村就业保障计划。

拉吉夫未能遏制腐败并不是他的政府的唯一污点。影响更深远的是他对印度世俗结构的背叛。尼赫鲁引入通用民法典的决心得到了阿姆倍伽的支持，但由于印度人数众多的穆斯林的反对，尼赫鲁在有生之年没能看到法典的通过。20世纪50年代中期，除穆斯林外的所有群体最终都引入了涉及婚姻脱离、监护和赡养费等属人法的立法。1985年，穆斯林传统主义者对最高法院

虽然拉吉夫·甘地在1984年的选举中赢得了巨大的胜利，并启动了经济改革进程，但给人们留下深刻印象的是他破坏了印度的世俗结构且未能遏制腐败。

的一项裁决感到愤怒，该裁决支持沙·巴诺·贝古姆（Shah Bano Begum）在离婚三个月后索要赡养费的要求（伊斯兰法律规定离婚三个月之后可以提这样的要求）。法院的裁决实际上赋予了穆斯林女性在法律面前的平等权利。但拉吉夫并没有对法院的裁决表示欢迎，而是屈从于强硬派要收回他们对国大党的支持的威胁，匆忙通过了一项法案，让穆斯林男性免于支付赡养费。

这一退让加强了印度教民族主义者的力量，他们现在有了可以表达自己声音的政治力量——印度人民党。该党成立于1980年，是独立后主要的右翼组织印度人民同盟（Bharatiya Jana Sangh）的重新包装。1984年，该党在第一次竞选中仅赢得两个席位，但人民党的命运即将大幅改善。1986年，当地法院批准了一项请愿，允许印度教信徒在巴布里清真寺（Babri Masjid）进行礼拜，据称那里是罗摩的诞生地。当成千上万的穆斯林抗议者走上街头时，拉吉夫含糊其词，导致人民党指责国大党利用国家强制推行的世俗主义来迎合穆斯林。受到这些指控的刺激，拉吉夫允许印度教信徒在巴布里清真寺大院内，用数千块从印度各地村庄运来的特别圣化的砖块为一座神庙奠基。

到 1989 年举行选举时，印度的选举格局已经发生了不可逆转的变化。北方以种姓制度为基础、南方以语言为基础的政治团体开始吸引大量的支持者。同时，宗教民族主义者填补了国大党留下的空白，他们承诺通过重新建造罗摩神庙来恢复印度教的自豪感。这个策略奏效了。在 1989 年的选举中，人民党以 85 个席位的优势获胜。国大党的席位减少了一半以上。

由于没有政党获得绝对多数席位，由维什瓦纳特·普拉塔普·辛格（Vishwanath Pratap Singh，1931—2008）领导的人民党主导的国民阵线联盟上台。印度人民党没有参与政府，而是倾向于从外部支持政府。依靠所谓的“落后种姓”对他的政治忠诚，辛格决定执行曼达尔委员会（Mandal Commission）的报告。这份报告已经被尘封了 20 多年，报告建议，除了预留给“固定种姓和部落”的 22.5% 的职位之外，27% 的政府职位要留给“落后种姓”，这被认为太有争议了，因而过去没有被考虑。将被一半的政府工作岗位拒之门外，这一前景引发了中上层种姓的愤怒。12 人自焚以示抗议，其中大多数是学生。

但辛格政府未能在阿约提亚问题上达成妥协，这为他的政治生涯敲响了丧钟。1990 年，印度人民党主席 L.K. 阿德瓦尼（L.K. Advani）从古吉拉特邦的索姆纳特神庙出发，乘坐一辆被装饰成罗摩战车的卡车，踏上了 1 000 千米的阿约提亚朝圣之旅。由于担心会发生暴力事件，阿德瓦尼在抵达阿约提亚之前就被比哈尔邦首席部长下令逮捕。作为抗议，印度人民党撤回了对政府的支持。普拉塔普·辛格未能通过政府不信任投票，随后辞职。作为人民院最大政党的领袖，拉吉夫接受总统的主动提议并组建政府的大门是敞开的。但他拒绝了，他决定给人民党一个只有 54 名成员的分裂派系提供外部支持，这个派系由资深政治家钱德拉谢卡尔（Chandrashekhar，1927—2007）领导。和以前的联合政府一样，这次联合政府的实验注定要失败。1991 年 3 月 13 日，钱德拉谢卡尔辞职，议会解散，这为疲惫不堪的选民在短短 15 个月内第二次参加投票铺平了道路。

这一次，拉吉夫获得第三个任期的主要威胁不是来自印度内部，而是来自外部。1987 年，斯里兰卡总统 J.R. 贾亚瓦德纳（J.R. Jayewardene，1906—1996）请求拉吉夫帮助调解政府与泰米尔猛虎组织旷日持久的残酷内战，当时泰米尔猛虎组织正在斯里兰卡北部争取建立一个独立的泰米尔国家。根据科伦坡和新德里之间达成的协议，一支印度维和部队将被派往该岛。斯里兰卡军队将返回军营，泰米尔猛虎组织将被说服解除武装。由于遭到僧伽罗人（Sinhalese）和泰米尔强硬派的反对，这项协议根本不可能成功。印度人很快就被视为占领军，而不是作为维和人员受到欢迎。斯里兰卡变成了印度的越南，到 1990 年初印度政府宣布撤军时，这个战场已经夺去了 1 000 多名印度士兵的生命。

1991 年 5 月 21 日，泰米尔猛虎组织进行了报复，当时拉吉夫·甘地正在泰米尔纳德邦进行竞选活动，该组织派出的一名自杀式炸弹袭击者暗杀了他。继任的问题又一次压在了国大党领导层的心头，他们自然倾向于让拉吉夫悲痛的遗孀索尼娅担任国大党主席。她断然拒绝了他们的请求。国大党最终选定了来自南部安得拉邦的半退休政治家纳拉辛哈·拉奥（Narasimha Rao）。70 岁的拉奥被国大党权力掮客视为中立的临时领导人，一旦时机成熟，他们就会伺机取代拉奥的位置。对国大党的同情浪潮让该党在大选中勉强获得了 244 个席位。这使得该党距离绝对多数还差 30 票，拉奥不得不依靠其他政党组建联合政府。印度人民党现在拥有 120 个席位，成为主要的反对党。

拉奥没有在他的新角色中不知所措，而是证明了自己是一位果断的领导人，这令印度和国大党感到十分惊讶。他的第一个举措是任命曼莫汉·辛格（Manmohan Singh，生于 1932 年）为财政部长。曼莫汉·辛格是牛津大学毕业的经济学教授，曾任印度储备银行行长。随着苏联的解体，印度失去了其主要贸易伙伴，伊拉克入侵科威特导致成千上万的印度工人逃离海湾地区，维持印度外汇储备的汇款也枯竭了。战争还导致石油价格飙升，印度每月石油进口账单飙升 60%。在国际货币基金组织的压力下，拉奥两次让卢比贬值，并宣布了一项严厉的紧缩计划。辛格废除了“许可证制度”，解除了对行业的管制，在包括食品加工和发电在内的 34 个行业消除了外国投资的障碍，并为私营企业提供了税收优惠。关税从 300% 降至 50%。效果几乎立竿见影，工业生产和就业出现了前所未有的增长。到了 1995 年和 1996 年，印度 GDP 以 6.2% 的速度快速增长。印度这只老虎已被释放出来了，但仍然无法与中国匹敌。

印度教多数主义的兴起

作为少数派政府的领导人，拉奥最初试图讨好印度人民党，寻求通过谈判解决阿约提亚争端。但希望采取果断行动的强硬派占了上风。1992 年 12 月 6 日，为了响应印度教领袖解放巴布里清真寺和建立"罗摩之治"（Rama Rajya）的呼吁，10 万多名印度教志愿者抵达阿约提亚。数千名印度教狂热分子手持三尖矛、弓箭、斧头和锤子，爬上巴布里清真寺的围墙，几个小时内，清真寺的三个圆顶就变成了瓦砾。拉奥的回应是解散所有四个人民党邦政府，禁止印度教组织活动，并再次逮捕阿德瓦尼。印度各地爆发了印度教信徒和穆斯林之间的冲突。商业首都孟买遭受了最严重的暴力袭击，至少有 900 人死亡，其中大多数是穆斯林。作家兼记者卡皮尔·克米莱迪（Kapil Komireddi）在评论巴布里清真寺被毁时写道："发生在阿约提亚的野蛮行径包含了一种自我赋权的甚至是救赎性的信息：一个古老的文明通过夷平纪念碑来消除历史给自己造成的耻辱。许多人觉得，过去的耻辱已经被洗刷。"

拉奥的政府挺过了阿约提亚危机，但国大党作为一股政治力

巴布里清真寺象征着印度政府保护穆斯林和维护世俗国家传统的决心。

量的巅峰时期已经过去了。当重建清真寺的承诺明显无法兑现时，穆斯林就纷纷离开了国大党。曼莫汉·辛格的经济改革加剧了不平等，腐败盛行。农村贫困人口历来是支持国大党的中坚力量，他们在食品价格上涨、公共投资和社会项目削减等问题上首当其冲。1996 年选举计票结束时，国大党遭遇了最严重的失败，只保住了 140 个席位，而印度人民党有 160 个席位。由于无法接受寻找新人的必要性，国大党的中坚分子选定索尼娅·甘地为该党主席。

虽然领导着人民院最大的党派，但人民党领导人阿塔尔·巴哈里·瓦杰帕伊（Atal Bahari Vajpayee，1924—2018）仍然未能组建政府——对阿约提亚的记忆对大多数政党来说仍然太过清晰，它们不想将自己与印度教民族主义者领导的政府联系在一起。在接下来的两年里，一个自称“国民阵线”的地区政党联盟坚持执政。在1998年的中期选举中，人民党支持率大幅上升，吸引了足够多的盟友，遂上台执政。上台几周后，它就在拉贾斯坦邦塔尔沙漠进行了三次核试验，以显示自己的实力，促使巴基斯坦几周后在俾路支省的山下进行了五次核试验作为回应。虽然印度人民党已经证明了其民族主义资质，但由于一个关键的地区政党退出，它领导的联盟仅存续了一年。1999年的全国大选是十年来的第五次，国大党的支持率进一步下降，仅保住了114个席位。这一次，人民党获得了足够的票数组建一个联合政府，联合政府由瓦杰帕伊掌舵，执政五年。

瓦杰帕伊是一位娴熟的演说家和诗人，他代表了印度教民族主义的温和面孔。他搁置了该党最具争议的三个目标：在阿约提亚建造一座罗摩神庙；采用通用民法典；废除克什米尔在宪法中的特殊地位，该地位给予了克什米尔有限的自治权、一面邦旗，以及与财产和其他事项有关的一些权利。1999年2月，瓦杰帕伊访问拉合尔，为两国之间新的公交服务揭幕。但巴基斯坦军队占领了位于斯利那加至列城（Leh）的高速公路上的卡吉尔

（Kargil）附近的战略高地，引发了一场小型战争，这粉碎了人们对此次访问可能导致两国关系长期解冻的希望。2001 年 12 月，巴基斯坦支持的武装分子对新德里的议会大厦发动了无耻的袭击，使这两个拥有核武器的国家之间的紧张局势危险地接近另一场公开冲突。

瓦杰帕伊担任总理期间，群体暴力事件也出现了惊人的激增。2002 年 2 月 27 日，一列载有从阿约提亚返回的印度教朝圣者的火车在驶入古吉拉特邦的戈特拉镇（Godhra）时被点燃，58 人丧生。虽然没有证据证明袭击者的身份或动机，但戈特拉和古吉拉特邦其他许多城镇的穆斯林遭到袭击，估计造成 3 000 人死亡，10 万多人流离失所。

袭击发生在人民党全国秘书长纳伦德拉·莫迪（Narendra Modi）当选古吉拉特邦首席部长四个月后。莫迪的父亲是一名铁路站台上的茶水服务员（chai wallah），而莫迪于 1971 年成为印度教民族主义准军事团体国民志愿服务团的全职成员。15 年后，他加入了印度人民党，在党内地位迅速上升，赢得了高效组织者和演说家的声誉。2001 年，他取代克苏布哈·帕特尔（Keshubhai Patel）担任古吉拉特邦首席部长，以改善印度人民党在该邦日益衰落的命运。

最高法院任命的一个调查小组没有发现莫迪参与暴力事件的证据。然而，批评人士指责他在阻止流血事件方面做得太少，其中大部分流血事件是由他所在政党的成员精心策划的。根据一个国际组织的一份报告，印度教团体带着刀剑、三尖矛、炸药和煤气瓶过来。“他们在列有穆斯林家庭地址及其财产的电脑打印件（这是他们从艾哈迈达巴德市政公司等渠道获得的信息）的引导下，在确信警察站在他们一边后，开始了一场疯狂的杀戮。在很多情况下，警察带头冲锋，用枪打死挡了暴徒去路的穆斯林。”

在 2004 年的选举中，印度人民党的“印度在闪耀”（India Shining）的竞选口号已经开始显得有点不合时宜。通过回到终结贫困和保护少数民族等民粹主义口号，国大党重新掌权，前财政部长曼莫汉·辛格领导着联合进步联盟（United Progressive Alliance，简称 UPA）。最初，国大党受益于年均超过 8% 的强劲经济增长，这有助于减少所有群体和地区的贫困。2007 年，印度和俄罗斯同一年加入了万亿美元俱乐部。但令人印象深刻的数字背后隐藏着一个非常平庸的故事。印度人均收入 950 美元，在 197 个国家中排名第 160 位。到 2010 年，印度仍有 4 亿人生活在贫困线以下，而最富有的 1% 的人口拥有全国一半的财富。近 45% 的 5 岁以下儿童营养不良。中国的经济规模是印度的 7 倍，而且还在不断增长。

到了联合进步联盟的第二个任期（2009—2014），它的光芒也逐渐暗淡。联合进步联盟仍然没有从对 2008 年孟买恐怖袭击的拙劣反应中恢复元气。那次袭击是巴基斯坦激进分子发动的，持续了 4 天，造成 166 人死亡。2011 年，74 岁的前军官安纳·哈扎尔在新德里进行绝食抗议，试图说服政府通过他所在政党提出的反腐败法案。他的不满得到了数百万印度中产阶级的支持。曼莫汉·辛格没有控制“公事包政治”，而是对经济改革踩下刹车，退回到农村福利和农业福利主义的庞大计划中。

重塑印度

当曼莫汉·辛格拒绝参加2014年的选举时，国大党求助于拉吉夫·甘地的儿子拉胡尔（Rahul）。拉胡尔是一个政治新手，在他的两届议会任期内几乎一直默默无闻，甚至拒绝了进入内阁的邀请。莫迪进行了一场总统式的竞选，一边抨击拉胡尔的特权出身，一边建立自己果断和务实的人设。1984年，拉吉夫未能阻止反锡克教徒的暴力事件的发生，这让拉胡尔失去了批评莫迪2002年处理古吉拉特邦骚乱的方式的机会。莫迪鼓吹“古吉拉特邦模式”的成功，据说该模式是基于良好的治理，以及增加收入和就业。他利用人们对变革的渴望，淡化了印度人民党的印度教民族主义议程，转而宣扬该党对市场友好和支持自由化的立场。国民志愿服务团动员了草根阶层，而大企业开始转移对国大党的支持。哥伦比亚大学经济学教授贾格迪什·巴格瓦蒂（Jagdish Bhagwati）是公开宣布支持莫迪威权主义方法的人士之一，他对英国《金融时报》说：“如果不行使威权，就会一事无成。你需要有人为你指明前进的方向。”

针对18—23岁年龄段（1.2亿人）首次投票的选民的调查发现，42%的人支持莫迪。只有17%的人支持拉胡尔，虽然拉胡尔比他的对手年轻20岁，但正如著名记者拉杰迪帕·萨尔德

纳伦德拉·莫迪讽刺拉胡尔·甘地为“太子党”，同时凸显自己低种姓、工人阶级、白手起家的形象。

赛（Rajdeep Sardesai）指出的那样，他“似乎在说着旧时印度的语言——施舍、特权，甚至选票库”。印度人民党在社交媒体上开展闪电战。莫迪的全息影像在全国各地的数百场集会上发表讲话。结果出来后，人民党赢得了 282 个席位。国大党所能获得的只有 44 个席位和 19.4% 的选票。雪上加霜的是，这距离成为正式反对党所需的席位还差 15 席。

对印度来说，2014 年的选举是一个分水岭。印度人民党成为 30 年来第一个获得议会绝对多数席位的政党。只有少数穆斯林候选人被该党提名，这是印度历史上第一次执政党在人民院的议会党团中没有穆斯林。当拉胡尔因在民调中的糟糕表现而递交辞呈时，国大党的保守派拒绝了。

印度人民党曾被视为婆罗门－巴尼亚党（Brahmin-Bania party，指该党只得到了高种姓印度教信徒和商人群体的支持），但其基础已经跨越了地区和种姓界限。唯一没有投票给该党的群体是穆斯林。历史学家拉玛钱德拉·古哈（Ramachandra Guha）在反思这场惨败时宣称："莫特拉尔·尼赫鲁和他的后代建立起来的时而高贵、时而卑鄙的'声誉结构'现在只剩下一堆瓦砾。"

在2019年的选举中，人民党获得了进一步的胜利，其得票率从31%上升到37.4%，席位总数达到303个。这还是在针对少数民族的宗教暴力和针对妇女的性犯罪有了惊人增长的情况下。选民们还对2016年11月废除500卢比和1000卢比两种大面值纸币所造成的经济困难不屑一顾，这一令人震惊的决定表面上是为了打击腐败，但是也使该国86%的流通货币变得一文不值。

凭借有史以来最强大的授权，印度人民党更进一步，履行了其长期以来坚持的承诺，即废除宪法第370条，该条款保证查谟和克什米尔享有一定程度的自治权。该条款允许克什米尔邦拥有自己的宪法、邦旗和刑法（其中包括禁止外来者购买土地的法律）。政府还提出了一项分割查谟和克什米尔的法案，让以佛教徒为主的拉达克地区成为独立的联邦领土。政府认为，废除宪法第370条将有助于结束暴力和武装活动，也有助于使克什米尔融入印度主流社会（通过增加投资来刺激该地区陷入困境的经济的方式）。批评人士指责印度人民党的行为违背宪法，批评他们是想改变穆斯林占多数的地区的人口学特征。克什米尔地区反对废除宪法第370条的抗议活动导致了长达数月的通信中断，影响到电话和互联网服务。

无论如何分析 2019 年的选举，毫无疑问，印度人民党上台是一种反常。近 20 年的多党联合政府实验已经结束。但莫迪的巨大胜利也引发了人们对“民主独裁”或“官僚威权主义”控制政治格局的担忧，特别是因为这种格局依赖于高度个性化的领导。

皮尤研究中心 2017 年的一份报告证实了印度选民接受向更具霸权主义风格的政治转变的态度，该报告发现，印度人对专制统治的支持率高于其他被调查的国家。大多数（55%）印度人支持一个强有力的、领导人可以在不受议会或法院干涉的情况下做出决定的治理体系，而 53% 的人支持军事统治。此外，大多数人支持专家（而不是民选官员）根据他们认为对国家最有利的方式来管理国家。在今天的印度，中国正日益被视为摆脱贫困并成为经济强国的国家的典范。

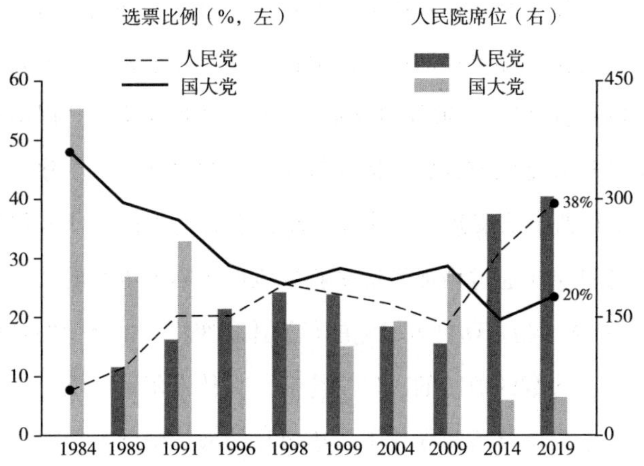

印度人民党政府日益强硬的多数主义论调令许多印度人感到不安，而不仅仅是其庞大的穆斯林群体。但民主给印度的礼物是一个强大而有弹性的公民社会，以及一个为沮丧和愤怒提供出口的安全阀。印度人认真对待他们的民主权利，惩罚那些没有达到他们预期的政府。自 2017 年以来，除少数几个邦的选举外，印度人民党还输掉了在其他邦的选举。2019—2020 年冬天，成千上万的人参加了一场全国范围内的抗议活动，反对《公民身份修正案》（Citizenship Amendment Act）的通过。该法案为从阿富汗、巴基斯坦和孟加拉国逃到印度的各种信仰的难民提供了获得公民身份的快速通道，但是穆斯林除外。一年后，估计有 2.5 亿人举行罢工，支持在印度首都抗议游行的农民，这些农民抗议政府放松对农业部门的管制，这也成为印度历史上规模最大的一次抗议活动。2020 年 11 月，莫迪向农民的要求低头，废除了三项有争议的农业法律，这些法律将取消农业补贴和对农作物的价格管制。

印度的经济改革释放了印度年轻人的渴望，他们渴望拥有更好的教育、工作保障、负担得起的住房和一个安全的环境来养家糊口。虽然 20 世纪 90 年代初开始的改革是不可逆转的，但农民的抗议表明，在不引发大规模骚乱的情况下，逐步扩大改革将是多么困难。

第十章

“新印度”？

从哈拉帕文明开始以来的约 5 000 年历史来看，印度作为一个独立国家的存在只是一段微不足道的插曲。即使是两个世纪的殖民统治，在这条广阔的历史长河中也不过是一个注脚。在持久性方面，孔雀帝国、笈多帝国和莫卧儿帝国遥遥领先——有些人甚至会说在荣耀方面也是如此。没有人可以质疑印度在这些黄金时代取得的成就，无论是在哲学还是在文学、数学上，也无论是在医学、建筑还是在艺术领域。

当印度在 2022 年展望独立 75 周年之后的未来时，历史的负担和恢复过去荣耀的愿望沉重地压在其政治和社会之上。18 世纪早期，印度是世界上最大的经济体。到英国人离开时，印度在全球经济产出中的份额已降至不足 4%。新独立的印度是饥荒和贫困的代名词。尽管自那时以来已经取得了进展，但印度尚未摆脱这些刻板印象，也没有发挥出全部潜力。

近年来，亚洲迅速崛起，而中国的表现尤其突出。印度认为，在恢复文艺复兴前的局面方面，自己应该与中国平起平坐。在某些方面，印度的全球排名正在缓慢上升。即使考虑到新冠大流行的影响，到 21 世纪 30 年代初，印度也有望超过日本成为世界第三大经济体。到 21 世纪 20 年代中期，印度将成为全球人口最多的国家。其军费开支预计也将保持世界第三的位置。但除了人口之外，中国几乎在所有方面都遥遥领先于印度：建造航空母舰将扩大其战略影响力，增加其在世界贸易中的份额，吸引进入亚洲的大量外国投资。

由于印度的政治格局牢牢地由人民党主导，围绕纠正过去错误的讨论正在主导政治叙事。在大学、科学和文化机构等这些曾经保持政治中立的机构中，行政职位正由政府任命。历史和学校课程正在被改写。即使是体育界也不能幸免于这种蔓延的仇外心理。2021 年底，北方邦的 7 名印度穆斯林因庆祝巴基斯坦在 T20 板球世界杯上战胜印度而被捕。更糟糕的是，最近发生了一连串对穆斯林处以私刑的事件，原因是怀疑他们食用了牛肉，或者仅仅是因为他们在错误的时间出现在了错误的地点，社交媒体上播放的殴打和虐待事件没有或很少受到政府的谴责。印度人民党国内外的批评者也被牢牢地锁定在该党的视线中。2021 年初，支持莫迪的抗议者焚烧了气候活动家格蕾塔·桑伯格（Greta Thunberg）的肖像，因为此前她在推特上支持德里农民的抗议活动。几个月后，推特迫于压力删除了批评印度政府对第二波新冠大流行的处理方式的帖子。

自印度独立以来，还没有其他事件能像这件事这样如此严重地暴露出印度治理的失败、其医疗服务的糟糕状况以及其非正规部门工人的困境。在新冠大流行之前，印度以成为世界上最大的仿制药供应国而自豪。在各国争相生产新冠疫苗之际，印度自称是“将人类从一场大灾难中拯救出来”的国家。2021 年 2 月，印度人民党通过了一项决议，宣布“莫迪总理的能干、明智、坚定和有远见的领导”战胜了新冠疫情。两个月后，印度成为全球疫情中心。赫尔德瓦尔大壶节（Kumbh Mela）期间的大规模集会和邦选举期间的政治集会迅速成为新冠超级传播事件。人们乞求氧气来拯救他们的亲人，由于火葬场空间不足而在停车场点燃火葬堆，新冠疫情受害者浮肿的尸体漂浮在恒河上，这些画面将在未来许多年里影响世界对印度的看法。

疫情最重要的是凸显了政府承诺与表现之间的差距。据估计，新冠疫情期间的封锁又导致 2.3 亿人的生活水平跌破国家贫困线。在正式和非正式部门工作的妇女中有一半失去了工作。在 2020—2021 财政年度，经济收缩了 7.3%，是该国历史上最大的收缩。就连莫迪最坚定的支持者也指责他傲慢自大。一家曾经温和的媒体在医院和停尸房外派驻记者，发现了新冠肺炎感染率和死亡率比官方统计数据高出 10 倍的证据。从 2021 年下半年开始的一场有组织的疫苗接种运动帮助印度遏制了新冠大流行，但以牺牲该国脆弱的卫生系统的其他部门为代价。

虽然新冠大流行的后果是毁灭性的，但它不太可能阻止印度政治中根深蒂固的右倾倾向。皮尤研究中心 2021 年发布的一项民意调查发现，虽然绝大多数印度人将尊重其他宗教视为印度人的重要素质之一，但他们表现出强烈的宗教隔离愿望，特别是在婚姻和接受具有特定信仰的人做邻居方面。这种固有的保守主义，加上缺乏一个团结一致的政治反对派，将继续有利于印度人民党及其盟友。

随着几十年来基于文化多元主义的世俗民族主义正被基于多数主义宗教（即印度教）的文化民族主义取代，“新印度”和“第二共和国”等名号正在成为主流话语。21世纪自力更生的口号正在以一种与甘地的“自治”概念无关的方式被武器化。超市正在取代纺车。印度中产阶级更喜欢在H & M门店购物，而不是在政府经营的出售手工服装的合作社（khadi）购物。

后殖民时期可能只是印度漫长而多事的历史的附言，但它是印度人民值得骄傲的历史时期之一。1931年，印度人的平均预期寿命是27岁。养活印度众多人口的挑战如此之大，以至于圣雄甘地曾说：“如果上帝出现在印度，他将不得不以一块面包的形式出现。”自独立以来，印度的极端贫困率已降至21%，婴儿死亡率在过去20年里下降了一半以上。2021年，印度人的预期寿命接近70岁。根据麦肯锡全球研究所（McKinsey Global Institute）的数据，中产阶级的人数将增加10倍，从2005年的5 000万增加到2025年的5.5亿多。到下一个十年中期，印度说英语的人数将超过美国，这将使印度在全球劳动力市场上拥有巨大的优势。

虽然取得了这些成就，但无论从哪方面来看，印度仍然面临巨大的挑战。联合国儿童基金会2020年的一份报告发现，印度38.4%的儿童因营养不良而发育迟缓，只有42.5%的三年级儿童能够阅读一年级的课本。印度是世界上少数几个5岁以下男童死亡率低于女童的国家之一，这主要是由于文化因素，男孩可以得到更好的待遇。印度每出生 1 000 个男孩就有 914 个女孩出生，这也是世界上最糟糕的比例之一。虽然法律禁止使用产前诊断技术进行性别检测，但有性别偏见的性别选择仍然普遍存在。

根据人口趋势，到 2030 年，印度每年需要在非农业部门创造 100 万个就业岗位，以吸收 6 000 万名新工人。为了实现这一就业水平所需的 8% ~ 8.5% 的年增长率，印度必须大力投资，打造具有全球竞争力的制造业中心，进一步利用其在 IT 和数字服务、医疗和护理产品以及高端旅游业等领域的优势。

这些就业岗位中的大多数将由迅速发展起来的城市大企业集团创造。由于这些企业集团缺乏规划和投资，数百万人缺乏供电、供水和卫生等方面的基础设施。牛津经济研究院发布的全球城市报告显示，2019—2035 年，全球 GDP 增长最快的 20 个城市中，有 17 个来自印度。严重的污染和拥堵已经使许多城市几乎无法居住。2020 年，全球污染最严重的 30 个城市中，印度占了 21 个，其中新德里位居榜首。印度还有几条世界上污染最严重的河流，包括神圣的恒河。到 2030 年，多达 40% 的人口可能无法获得清洁饮用水。

然而，印度也拥有世界上最多的高等教育适龄（18 岁到 22 岁）人口。预计这一数字将在 2026 年达到 1.26 亿的峰值，到 2035 年稳定在 1.18 亿。如果能够为这些年轻人提供高质量的教育机会，技术工人的资源将是巨大的，但障碍也很巨大。印度高等教育的入学率（27%）远远落后于中国（43%）等国家。要想满足教育需求，需要新建 700 所大学。

有利的一面是，印度严格的联邦制政治允许各邦政府推出自己的改革议程，以吸引投资和创造就业机会。在这方面，泰米尔纳德邦、卡纳塔克邦和喀拉拉邦等南部邦走在前列。印度在外包离岸软件开发方面仍胜过竞争对手，随着人工智能变得越来越普遍，印度在该领域的全球主导地位将持续下去，这一点毫无疑问。然而，即使在这个领域，它的表现也参差不齐。虽然印度理工学院（Indian Institutes of Technology）有着和常春藤联盟高校一般的声誉，但 IT 教育领域的其他院校却落后了。在获得 IT 工作的印度人中，约三分之一是自学成才的，受雇于科技公司的大多数毕业生需要再培训。印度在研发支出方面也落后于中国，印度在该领域的投资仅占 GDP 的 1%，而中国的这一比例为 2%。

每一张选票都很重要

毫无疑问，印度最值得骄傲的成就是它作为一个自由民主国家的纪录几乎从未被打破。1947 年，当印度最终获得独立时，许多外国评论员认为，这个国家很快将不复存在：语言和地区差异将使巴尔干化不可避免，种姓制度与平等的概念格格不入，因此也与民主概念格格不入，而高文盲率与政治表达格格不入。

印度从殖民地到一个现代共和国的转变并不完美——持续的高度腐败、克什米尔地区的冲突和日益严重的不平等是其最明显的失败。然而，在过去的 70 多年里，它成功地举行了 17 次大选和数百次邦民意调查，其投票率经常超过世界上第二大民主国家美国。自由而充满活力的媒体和强大的公民社会抑制了其政治阶层不可避免的失误。正如著名作家韦德·梅塔（Ved Mehta）指出的那样，印度的民主传统是“各种民族、宗教和种姓竞争的安全阀”。最令人印象深刻的结果之一是贱民女性玛雅瓦蒂（Mayawati）四次当选印度人口最多的邦北方邦的首席部长，最近一次任期是2007—2012年。

但正如印度出生的经济学家、诺贝尔奖得主阿马蒂亚·森警告的那样：

> 仅仅继续进行有系统的选举、保障政治自由和公民权利、保障言论自由和媒体开放是不够的。消除饥荒，或缩小与中国在人的寿命和生存方面的差距也是不够的。在印度，如果更积极、更公开地利用民主参与，可以取得比目前多得多的成就。

阿马蒂亚·森认为，印度的力量来自它向其他国家学习的能力，以及将各种外来思想化为己有的能力。由葡萄牙人带到印度的胡椒无处不在，现在是印度烹饪的基本组成部分，这就是一个例子。他还认为，印度基于公共理性的“辩论传统”是该国对抗威权主义倾向和日益严重的不平等的最佳防御。

印度已经失去的，也是最难恢复的，是国家对世俗主义的承诺。当一名记者问印度第二任总理拉尔·巴哈杜尔·夏斯特里

（1964—1966 年任职）他的信仰时，他回答说："一个人不应该在公开场合讨论自己的宗教信仰。"他在一定程度上是受到了公开的无神论者尼赫鲁的启发。尼赫鲁的国大党曾是世俗主义的捍卫者和保护者，如今却公开支持在阿约提亚修建罗摩神庙等事业，以赢回输给印度人民党的选民。

近几十年来，印度作为一个历史实体、一个民族和一种文明的概念已经高度政治化。印度教民族主义者将印度称为"Bharat Varsha"，这是印度的古梵语名称，其疆域从"印度河一直延伸到海洋"。追溯印度历史的证据不再在考古记录或 DNA 中找到，而是在诸如《摩诃婆罗多》这样的神话史诗中找到。印度"真正的遗产"甚至包含在更古老的文献中，如《吠陀经》。印度作家、国大党政治家沙希·塔鲁尔（Shashi Tharoor）写道："今天印度文明的核心斗争是这样两种人之间的斗争：一种人承认，由于印度的历史经验，我们的文化既丰富又多样；另一种人自以为是地用越来越狭隘的术语来定义什么是'真正的'印度特征，以及谁是'真正的'印度人。"虽然有关宗教宽容的言论不绝于耳，但在军队、警察、法院、大学和媒体等公共机构的高级职位上，该国人数众多的穆斯林少数族群仍然明显缺席。

虽然印度人民党可以通过国民志愿服务团等组织获得广泛的基础，而且目前缺乏可行的政治替代方案，但印度向多数主义的转向并不是不可避免的。正如著名政治学家苏米特·甘古利（Sumit Ganguly）所说：

这个国家纯粹的文化、语言和种族上的多样性不会轻易被压倒。印度固有的多样性将阻碍建立一个拥护非自由主义的政权。事实上，可以说，印度之所以能够成为一个运转良好（虽然混乱）的国家，正是因为它致力于自由民主（虽然有缺陷和片面）。

归根结底，印度的现在和未来不是掌握在政治家或祭司手中，而是掌握在印度人民手中，其中包括准备存下他们能存下的每一卢比来投资孩子教育的农村穷人、渴望更好生活质量的躁动青年、日益要求民选官员承担责任的中产阶级，以及充满活力、正在向世界展示印度才华的海外移民。

印度的实践既鼓舞人心，又有缺陷。但是作为一个文明国家，印度表现出了非凡的韧性，应对了日益加剧的不平等和威权主义等挑战，为世界提供了一个榜样。有远见卓识的领导人和思想家今后将出现，他们能够团结这个国家不同的群体，并确保社会进步和经济进步带来的好处可以公正、持续地传播。印度过去也出过这样的人物，从阿育王到甘地，从考底利耶到泰戈尔。作为世界上最古老的持续性的文明，印度有很多可以借鉴的地方，也有更多可以为世界贡献的地方。如果印度 10 多亿的公民有机会充分发挥他们的潜力，那么这个国家未来可期。

致　谢

我清楚地记得，2019 年，出版人克里斯·菲克（Chris Feik）给我发了一封电子邮件，问我是否愿意写一本印度简史。当时我住在孟买的一个帕西人朋友家里，他给我讲了很多故事，说他在布里奇坎蒂区（Breach Candy）的大教堂学校上学时，一些学生和萨尔曼·拉什迪（Salman Rushdie）搞恶作剧。从我的窗口我只能瞥见安提利亚（Antilia），印度最富有的“宝莱坞寡头”穆克什·安巴尼（Mukesh Ambani）价值 20 亿美元的难看的住宅。我来孟买是为了研究一本关于斋浦尔一个极不正常的王室家族的书，还要为一本杂志写一篇关于一个喜欢鸵鸟皮夹克的奇葩钻石商人的专题文章。几十年来，我一直对印度很着迷。因此，我怎么能拒绝写作这本介绍这一切背后终极背景的书的机会呢？

这本书的创意要归功于当时两位最伟大的历史学家，他们在我上大学时教过我。A. L. 巴沙姆和 S. A. A. 里兹维是两卷本《印度的奇迹》（*The Wonder That Was India*）的作者，他们为我的热情提供了目标，并与我的印地语老师理查德·巴茨（Richard Barz）和约根德拉·亚达夫（Yogendra Yadav）一起，传授给我了在印度工作多年所需的技能，以及将我收获到的知识传授给学生和读者的技巧。

几十年来，无数组织和个人鼓励和支持我前往印度，其中包括亚洲通（Asialink）、澳大利亚理事会（Australia Council）、澳大利亚印度理事会（Australia India Council）、澳大利亚印度研究所（Australia India Institute）、澳大利亚驻新德里高级专员公署（Australian High Commission in New Delhi）以及澳大利亚驻孟买、加尔各答和金奈的领事馆及其工作人员。卡玛·麦克林（Kama Maclean）、罗宾·杰弗里（Robin Jeffrey）、吉姆·马塞洛斯（Jim Masselos）、阿萨·多伦（Assa Doron）和马克·阿龙（Mark Allon）都是澳大利亚研究南亚文学的学者（遗憾的是，这个群体的人数日益减少），他们多年来给我提供了急需的鼓励。

克里斯·菲克和布莱克公司（Black Inc.）团队的其他成员出色地将这本书变成了现实。我要感谢我出色的编辑朱莉娅·卡洛马诺（Julia Carlomagno）和凯特·摩根（Kate Morgan），她们像法医一样认真地审查我浓缩 5 000 年复杂历史的努力。我还要衷心感谢设计师菊地晶子（Akiko Chan）、地图和图形艺术家艾伦·雷沃尔（Alan Laver）、校对乔·罗森博格（Jo Rosenberg）、公关凯特·纳什（Kate Nash）、国际总监索菲·威廉姆斯（Sophy Williams）和版权经理艾琳·桑迪福德（Erin Sandiford）。我要一如既往地感谢我在柯蒂斯布朗（Curtis Brown）的优秀经纪人菲奥娜·英格利斯（Fiona Inglis）。

感谢我的伴侣阿普丽尔·方蒂（April Fonti），感谢她总是在那里分享我对印度的热情，感谢她在我最需要的时候给予的耐心、鼓励和理解。最后，我要感谢我的孩子阿黛尔（Adele）、亚历山大（Alexander）、乔纳森（Jonathon）和尼古拉斯（Nicolas），他们用富有感染力的热情支持了我的这本书和其他文学之旅。

推荐阅读书目

要想开列一份关于印度历史的书单，几乎和将印度历史浓缩成十章一样困难。

关于印度历史的介绍性文本，不应该错过两卷本的 *The Wonder That Was India*。A. L. 巴沙姆讲述了 1200 年伊斯兰教到来之前印度的历史，而 S. A. A. 里兹维讲述了从 1200 年到 1700 年印度的历史。John Keay 的 *India: A History* 可读性极强，涵盖了 20 世纪 90 年代之前的整个印度历史。其他有价值的介绍性书籍包括 Thomas Trautmann 的 *India: Brief History of a Civilisation*，以及贾瓦哈拉尔·尼赫鲁在被英国人囚禁期间所著的 *The Discovery of India*。关于印度文明起源的书籍包括 Romila Thapar 的 *Early India: From the Origins to AD 1300* 和 Tony Joseph 的 *Early Indians: The Story of Our Ancestors and Where We Came From*，后者利用 DNA 证据重构了这个国家的古代历史。

关于孔雀王朝和笈多王朝，见 Vincent Smith 的经典著作 *The Early History of India* 和 D. D. Kosambi 的 *An Introduction to the Study of Indian History*。Wendy Doniger 的 *The Hindus: An Alternative History* 对印度教的介绍很有争议性，但易于理解。Diana Eck 的 *India: A Sacred Geography* 也很有价值，对印度的主要宗教颇有洞见。Andrew Skilton 的 *A Concise History of Buddhism* 是一部可靠而全面的介绍。

关于从 1100 年开始伊斯兰教影响和征服的时期，有 Abraham Eraly 的 *The Age of Wrath: A History of the Delhi Sultanate* 和 *Emperors of the Peacock Throne: The Saga of the Great Mughals*。Richard Eaton 的 *India in the Persianate Age* 涵盖了直到 18 世纪的伊斯兰时期。Bamber Gascoigne 介绍这一时期的 *The Great Moghuls* 可读性很强，而 William Dalrymple 的 *The Last Mughal* 记录了这个时代悲惨的消亡。对 1600—1857 年印度历史感兴趣的人，不要错过 Dalrymple 的 *White Mughals: Love and Betrayal in Eighteenth Century India* 和 *The Anarchy: The Relentless Rise of the East India Company*，要想了解东印度公司的兴衰史，可以阅读 Nick Robins 的 *The Corporation That Changed the World: How the East India Company Shaped the Modern Multinational* 和 Nicholas B. Dirks 的 *The Scandal of Empire: India and the Creation of Imperial Britain*。Mike Davis 的 *Late Victorian Holocausts: El Niño Famines and the Making of the Third World* 对 19 世纪印度的社会经济进行了有趣的分析。Shashi Tharoor 的 *An Era of Darkness: The British Empire in India* 探讨了殖民主义的代价，是一本有争议的但可读性很强的书。David Gilmour 的 *The British in India* 和 Charles Allen 的 *Plain

Tales from the Raj 都是描写殖民时期印度的优秀的欧洲人作品。

与印度独立斗争有关的个人传记有 Ramachandra Guha 的 *Gandhi before India*，以及 Stanley Wolpert 的 *Nehru, A Tryst with Destiny* 和 *Gandhi's Passion: The Life and Legacy of Mahatma*。其他关于印度最著名历史人物的作品有 Judith Brown 的 *Gandhi, Prisoner of Hope* 和甘地的自传 *The Story of My Experiments with Truth*。关于印度的独立，推荐阅读 Alex von Tunzleman 的 *Indian Summer: The Secret History of the End of an Empire* 和 Larry Collins 与 Dominique Lapierre 合著的 *Freedom at Midnight*。Khushwant Singh 的 *Train to Pakistan* 至今仍是关于那个时期最好的历史小说。

要了解独立后的印度，我们不能忽视 Guha 的另一本书，即 *India after Gandhi: The History of the World's Largest Democracy*。法国作家 Christophe Jaffrelot 是研究印度民族主义兴起方面的权威，他的著作包括 *The Sangh Parivar: A Reader* 和 *Majoritarian State: How Hindu Nationalism Is Changing India*。Sunil Khilnani 的 *The Idea of India* 介绍了印度独立后的经济和政治历史，而他的 *Incarnations: India in 50 Lives* 通过对关键人物的传记概述，考察了印度历史的广泛内容。诺贝尔经济学奖得主阿马蒂亚·森的 *The Argumentative Indian* 在一系列文章中讲述了印度的历史，以及它是如何影响和塑造其文化身份的。Katherine Frank 引人入胜的传记 *Indira: The Life of Indira Nehru Gandhi* 讲述了世界上第二位民选女性领导人的生平，而 Coomi Kapoor 的 *The Emergency: A Personal History* 详细讲述了英迪拉对民主的中止。最近出版的有关印度经

济的书包括 Edward Luce 的 *In Spite of the Gods*、John Elliott 的 *Implosion: India's Tryst with Reality* 和 James Crabtree 的 *Billionaire Raj*。K. S. Komireddi 的 *Malevolent Republic: A Short History of the New India* 是对印度当代政治的尖锐批判。

最后，Katherine Boo 的 *Behind the Beautiful Forevers* 和 Sonia Faleiro 的 *The Good Girls: An Ordinary Killing* 以富有洞察力的视角描绘了印度城乡贫困人口的生活，对女性的困境给予了特别关注。